内なる神様とつながって

セルフパワーを活性化する！

徳間書店

大野百合子

「わたしはわたし」と
大きな声で唱えましょう。
内在する神とあなたは一つです。

これから10年、
ますます変容をうながすイベントが
つづいていくでしょう。
こんな時代は
「いままでとは、まったく違う考え方」を
する必要があります。
その筆頭が、自分はこうだという自己像——
セルフイメージです！

さあ、
やってうれしくなることを一生懸命、
夢中になってやってみましょう。
いまあなたができることに、
ともかくベストを尽くしてみるのです。

あなたの中に源があります。
どのような存在にも、すがったり、
依存したりする必要など一切ありません。
自分自身の人生の主人公として、
生きるよろこびを体験してください。

いま、光が見えなくても、
確かな希望を持って、
決してあきらめないでください。
不安から生まれる希望ではなく、
実現することを確信している希望です。

わたしたちの中にある、内なる神、
分《わ》け御魂《みたま》、魂の意識は、
自分にとって何が最適なのかを
絶対に知っています。

第1章　セルフパワーにつながる方法

セルフパワーアップ①　「相手の期待に応えること」をやめてみる　18
セルフパワーアップ②　名前に宿る神秘のパワーに思いをはせる　20
セルフパワーアップ③　自分の名前をやさしい気持ちで唱えてみる　24
セルフパワーアップ④　素敵なポートレートをとってみませんか？　30
セルフパワーアップ⑤　落ち込んだときの超便利な方法　32
セルフパワーアップ⑥　頭と身体が信じれば、絶対にいいことが起きます　36
セルフパワーアップ⑦　選択したら、後悔しない！　39

セルフパワーアップ⑧ いままで「やったことがないこと」をやってみよう 41
セルフパワーアップ⑨ 自分の名前を紙に書いてリーディングしてみる 45
セルフパワーアップ⑩ ソウルネーム（魂の名前）を意識する 50
セルフパワーアップ⑪ 自分に合う土地のバイブレーション（波動）を感じてみる 54
セルフパワーアップ⑫ 憧れの人に近づく方法 56
セルフパワーアップ⑬ 夢の次元を利用してストレス解消 58
セルフパワーアップ⑭ 「ありがとう」の言霊パワーでセルフイメージを高める 63
セルフパワーアップ⑮ 人生は本当は奇跡だらけ！ 68
セルフパワーアップ⑯ 「奇跡が当たり前」という流れをとめてませんか？ 70
セルフパワーアップ⑰ 魂の目的は、楽しむこと、喜ぶこと！ 72
セルフパワーアップ⑱ ユニバーサルマインド「わたしは絶対知っている」モードで生きる 76
セルフパワーアップ⑲ 気に入った音、元気になる音で感性を磨く 81
セルフパワーアップ⑳ わたしという命を全力で守ってもらう方法 84
セルフパワーアップ㉑ 大変化のとき、本音と建前のギャップに気づく 87

セルフパワーアップ㉒　あなたが「本当に大切にしているもの」は何ですか？　91
セルフパワーアップ㉓　感じることがつらいから、感じるスイッチをオフにしてきた人へ　94

第2章　いますべきことは、エネルギーチャージ！

セルフパワーアップ㉔　自分自身も、相手も許すが勝ち！　98
セルフパワーアップ㉕　わけがわからなくなったら、気持ちがよいか、悪いか感じてみよう　100
セルフパワーアップ㉖　「べきべき探し」をしてみましょう　101
セルフパワーアップ㉗　べき玉を消そう　103
セルフパワーアップ㉘　甘いものが無性に食べたくなったとき、ゲリーが教えてくれたすごい方法　106
セルフパワーアップ㉙　受けとるほうに選択肢があるということ　110
セルフパワーアップ㉚　目を合わせて挨拶する　112

セルフパワーアップ㉛ 宇宙のたった一つの法則 114
セルフパワーアップ㉜ 自分にとって「最適なことが起こる」と知る 117
セルフパワーアップ㉝ エネルギーの流れが確実に変わる方法 122
セルフパワーアップ㉞ 色のエネルギーを意識して使ってみませんか 124

第3章 集合意識が大きく変わるとき

令和の時代 130
平成の土星回帰 132
移行のとき――「あなたがどう思うか」への変化 133
生命の始まりのエネルギーを感じる節分 134
自分が正しいと思った瞬間 137

集合意識が大きく変わるとき――コロナウイルスが問うもの　139
桜――サクラエネルギー　144
夏至――手に入れたいヴィジョンを宇宙にオーダーしましょう　145
いままでとはまったく違う考え方をする必要がある　147
即位礼の日　149
冬至の日――ソロモンの儀式　153
２０２０年は種の中に新しい生命が成長していく年　155

第4章　一人ひとりがマスターになる時代

「やさしくあれ」　160
一人ひとりがマスターになる時代　163

人生は「相手を喜ばせるか、自分を喜ばせるか」の選択です　165
潜在意識から変容しましょう　167
地球と人間　168
卑下と傲慢はまったく同じエネルギー　171
ゲリーの体験とヒーリング　173
わたしたちの身体は自己治癒力に満ちています　175
「この先、いったいどうなるんだろう?」と不安なときに必要なもの　180
自分を信頼することがかなり苦手なわたしたち　182
「いま、ここ」に意識を集中する方法　184
色とは光と闇の間に発生するもの　187
「違いは叡智だ」　190
人生にわき役なんかいない!　192
あなたの「魂の響き」を奏でましょう　196

第5章　古代の叡智《ノウイング》／日本と世界の聖地へ

集合意識に流れる和の叡智　202
スピ母さん山伏修行に挑戦の巻　考えるより感じよう！　206
五感をとおして強化されたもの　211
天上から光が柱のごとく降り注ぐ場所──滋賀県賀茂神社　213
京都の東寺──空海の教えはまさに古代の叡智《ノウイング》　217
久しぶりの高千穂はパワーが拡大していました　220
ベルファストのラビリンス（迷路）で歩く瞑想　223
満月とホーリーの日とインド　228
悟りの地ブッダガヤは意識が変容する場所でした！　231

ベナレス、聖なるガンジス河へ 234
切り替わるとき 238
サンタフェの旅――「これからは一人でも多くの人が早急に目覚める必要がある」 239
「かつて生きていた所」へ旅する意味 243

第6章 徒然なるままに

亡くなったくーちゃんが…… 246
死にゆく人にできること 248
旅立ち 249
大いなる自然のサイクル 252
身体が欲しているものを欲しているだけ取り入れる！ 253

孤独担当大臣　255
わたしたちの孤独を癒すもの　259
人間は時空を超えたとてつもなくすごい存在　262
自分自身を笑うことができること　268
なぜわたしは畳に座ってものを書くのか　270
見えない世界の応援団　273
蚊に刺されない方法伝授！／森羅万象と調和して生きよう　276
いまこそ神ながら（かんながら）を生きる　280
わたしたちは神聖な分け御魂の存在です　285
世界を信頼して「ゆだねてみる」　288

カバー画／本文イラスト　大野 舞
装丁　三瓶可南子
編集　豊島裕三子

※本書はブログ「スピリチュアル母さんのHayama Diary」とエッセイ、書き下ろしで構成しています。

第1章

セルフパワーにつながる方法

セルフパワーアップ① 「相手の期待に応えること」をやめてみる

わたしが講座を通してご縁をいただく方は、敏感な方がたいへん多いのです。

周りの空気が、いやおうなく読めてしまう人。

相手の気持ちに敏感に反応してしまう人。

相手が自分に何を期待しているのかを感じてしまう人。

そして相手の期待に応《こた》えて、相手が喜んだときに、承認と安心を得てきた人たちです。そう、良い子だった人たち。


かくいうわたしも、期待に応えるゲームをしてきましたし、娘たちに無言の期待をかけてきたのも事実です。「あなたのためよ」という言い訳とともに。

葉山で出会った目覚めた人、りょうすけさんは「期待はエネルギーを奪う」とおっしゃいました。

相手の期待に応えることは、自分のではなく、相手の人生を生きようとすること。

究極、人生は自分を喜ばせるか、人を喜ばせるかのどちらかの選択だといいます。


大切なのは、自分がどう感じるのか、どうしたいのかをちゃんと認識することです。

その上で、さらりと選択する！

ここでとっても頼りになるのが「心地いいかどうか」のバロメーター。身体の感覚は嘘をつきません。


これから、あえて**「相手の期待に応えないゲーム」にチャレンジしてみませんか？**

応えないために応えないのではなく、それが自分の気持ちとしっくりこなかったら――心地悪かったら応えないということです。

つまり、「ねばならない」というネバネバではなく、自分が何をしたいのかにフォーカスすること。良い子だったわたしには、きついチャレンジです。

「自分を裏切ることは最大のエネルギーロスだ」と古代の叡智《ノウイング》は伝えます。

自分のエネルギーの無駄使いはそろそろやめにしませんか。

オクラや納豆のネバネバは大好きなのですけれど。

セルフパワーアップ② 名前に宿る神秘のパワーに思いをはせる

元号が平成から令和に変わりました。

名前が変わるときは大きくエネルギーも変わります。

エネルギーが変われば、起きる出来事も当然変化します。

日本人に密接にかかわる元号は、これから日本人の集合意識を大きく動かしていくでしょう。そして、わたしたち自身も、ますます変容が加速していくにちがいありません。


本題からちょっと寄り道をしますが、わたしは皇居の清掃のご奉仕に3年にわたり、計3回参加しました。清掃のご奉仕といっても、実際の作業のかたわら、皇居内をご案内していただけるというチャンスもあります。運がよければ、徳川家の樹齢500

年の盆栽に出合えたり、皇居内のふつうなら入ることのできない場所のお掃除をしたり。

また案内してくださる庭園部の皆さんは、よしもと級のおもしろさで、ご奉仕4日間は、毎回本当に楽しめました。皆さんもチャンスがあれば、ぜひ参加なさってください。

その中でもハイライトは、当時の今上天皇陛下ご夫妻と当時の皇太子さまにお会いする「ご会釈」です。ご会釈では、実際に陛下が奉仕団の団長たちとお言葉を交わされます。

3回を通じて、両陛下、皇太子殿下がすこしずつ変わっていかれるのを肌で感じました。

2018年2月の最後のご奉仕では、現在の上皇陛下は心なしかとてもリラックスしていらして、個人個人とつながりあうような会話を楽しんでおられました。

美智子様の慈愛に満ちた神々しさはますます輝いておられ、両陛下の実際のオーラに、ほとんどの人が涙を流していました。

浩宮様は天皇になられるべく、ここ数年来（いやずっとかな）天皇霊を継承するにあたってのさまざまな儀礼やお勉強を重ねられていらしたのだと思います。

お会いするたびに別人のようにエネルギーが変化されていました。最後にお会いしたときは特に、これからの責任をしっかりと受け止められた覚悟が直接伝わってきて、責任感と地に足がついた重さを感じました。

日本の大地と国民のための毎日のエネルギーワークが天皇陛下の主要な役割であるなら、その儀式をつかさどる存在の交代は、日本にさらなる変化を起こしていくことでしょう。

いま、新しい時代の名前である元号を口にすると、あなたはどんなエネルギーを感じますか？

名前というのは、とてもとても大切です。

なぜなら、特定の人なり対象を定義づける波動そのものだから。

ネイティブシャーマンの世界や、『ゲド戦記』などのファンタジーの世界では、真の名前を相手に知られると操られてしまうという物語があるように、**名前に宿る神秘**

のパワーを古代の人たちは理解していました。

自分のアイデンティティとして、生まれてから一番耳にするのが、自分の名前です。

あなたはご自分の名前が好きでしょうか？

アカシックレコードリーディングでも、相手の方の生まれたときの名前と生年月日を言ってもらうことで、その方のエネルギーとつながります。

あなたがもし自分の名前が好きではないのなら、呼ばれるたびに葛藤のエネルギーが活性化します。なぜ好きになれないのか、そこを深く感じてみてくださいね。

小さいときに、名前でからかわれたエピソードを思い出すかもしれません。

個人的な話ですが、私の次女は桂と書いて、かつらと読みます。生まれる前は、お姉ちゃんが「舞―まい」なので、妹は「桂―けい」と読んで、姉妹でなんとなく京都シリーズのネーミングを考えていました。

ところが、生まれて1週間、どうしても「かつら」でなくちゃという思いになり、かつらにしたのですが、彼女が小学校のとき、男の子たちに「やあい、かつらあ〜」とからかわれて、自分の名前が大嫌いだったそうです。ウィッグの鬘《かつら》ですね。その桂も成長し、本来の自分自身とどんどんつながるにつれ、いまでは自分の名前が大好きになっています。

神秘学の世界では、生まれる前から、**自分の名前の波動は自分で選ぶ**という考え方があります。わたしの孫たちの名前も、夢の中で赤ちゃんが両親に教えた名前がついています。

セルフパワーアップ③　自分の名前をやさしい気持ちで唱えてみる

和の叡智では、言霊《ことだま》学というものが伝えられ、レムリア時代から**「口から放たれた言葉の現実化のパワー」**を、わたしたちは集合意識の中に継承してきました。

古神道では、**自分の名前が最強のマントラといわれています。**

ワークショップなどでも、両手を、四本指をそろえて腰にあて、足を肩幅に開いて丹田に意識をおきながら、自分の名前を口から放つ「行」を行います。
「お〜お〜の〜ゆ〜り〜こ〜」というようにです。

セルフパワーを確実に活性化する方法です。

日本語の成り立ちは深くて、5つの母音は宇宙の魂意識の天の波動、子音は大地の身体感覚意識の大地の波動です。
ローマ字で表記すると理解できますが、日本語は話しているだけで、魂魄《こんぱく》合一（77ページ参照）へ、つまり魂と肉体意識を自然に統合する言語です。日本人として生まれて、自然に日本語を話しているわたしたちはとってもラッキーな民族です。

言霊学は、日本語の一文字一文字は、それ一音で多義的な意味を持ち、多次元を震わせるといいます。「あ」は始まりの音、拡大する波動。「う」は宇宙そのもの、創生のエネルギー。いろは48文字がすべてはいっている「ひふみ祝詞《のりと》」は唱えるだけで、DNAが活性化し、変化する体感を毎回感じます。

ひふみ　よいむなや　こともちろらね
しきる　ゆゐつわぬ　そをたはくめか
うおえ　にさりへて　のますあせゑほれけ

天皇家の祭祀を司っていた伯家《はつけ》神道を継承されている七沢賢治氏は、50音から母音の5文字を抜き、「ん」を加えた46音は、染色体の数23の倍を表し、身体の深いところに直接響くと伝えています。


これから、ますます頭と気持ち、魂と肉体がいやおうなく一つになっていく時代。

わたしの師であるゲリー・ボーネル氏は、わたしたちのエネルギーセンターである**「チャクラシステムも変化しつつある」**と言っています。

2011年以降に生まれた子供たちの中には、すでに新しいチャクラシステムで機能している子供たちも多くなってきました。

いままでは、7つのメインチャクラがあり、上部の3つのチャクラと下部の3つの

【7つのチャクラ】

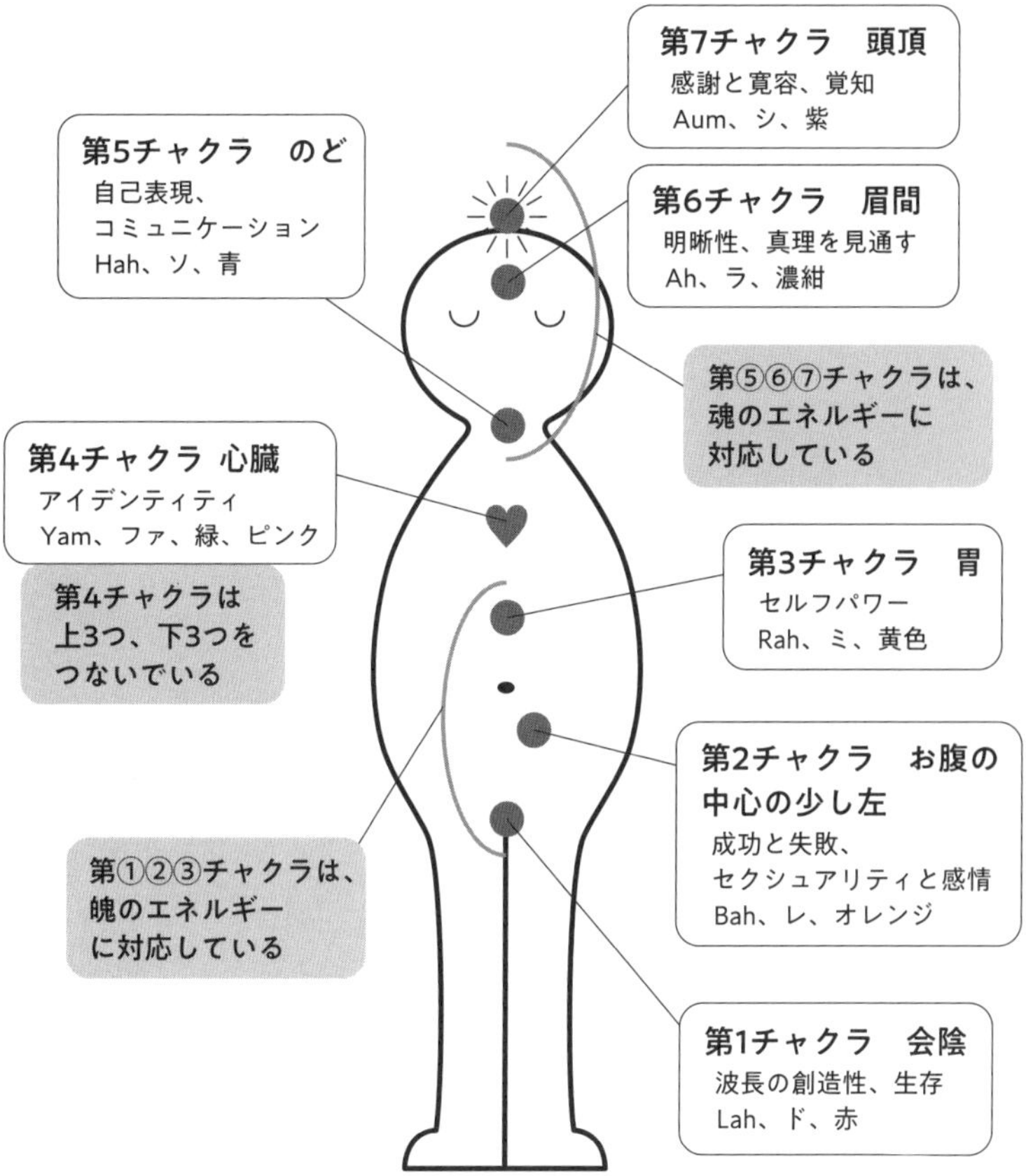

第7チャクラ　頭頂
感謝と寛容、覚知
Aum、シ、紫
第5チャクラ　のど
自己表現、
コミュニケーション
Hah、ソ、青
第6チャクラ　眉間
明晰性、真理を見通す
Ah、ラ、濃紺
第⑤⑥⑦チャクラは、
魂のエネルギーに
対応している
第4チャクラ 心臓
アイデンティティ
Yam、ファ、緑、ピンク
第4チャクラは
上3つ、下3つを
つないでいる
第3チャクラ　胃
セルフパワー
Rah、ミ、黄色
第2チャクラ　お腹の
中心の少し左
成功と失敗、
セクシュアリティと感情
Bah、レ、オレンジ
第①②③チャクラは、
魄のエネルギー
に対応している
第1チャクラ　会陰
波長の創造性、生存
Lah、ド、赤

チャクラをつないでいるのが第４のハートチャクラでした。

ところが、新しいチャクラシステムは、第１と第２、第３と第４、第５と第６チャクラが統合し、上と下をつなぐ中心のチャクラは第５ののどのチャクラになります。


これからは**のどから発する言葉のエネルギーが、天と大地をつなぎ、物事を現実化するパワーがとてつもなく大きくなっていきます。**

つまり、口に出す言葉に注意深くならないと、手に入ってしまうということです。

「わたしって本当にばかだ」という言霊を口に出したとたん、その現実が引き寄せられるということです。


言霊に気持ちや感情がのればのるほど、パワーアップします。

それは呪いも祝福も同じメカニズム。

一元の世界は自分も相手もすべて同じネットワークでつながるので、**人に対して意をのせて祈った言霊は、自分自身に返ってくることも忘れてはいけません。**

新しいエネルギー、新しい名前の時代が始まりました。

これから何よりも大切なことは、ダライ・ラマ法王の言葉のように、人と自分に対する限りないやさしさのエネルギーだと思います。

「傷つけない——Do No Harm」は、古代の叡智《ノウイング》の教えの神秘家としての生き方の一番目に来ます。傷つけない！

世界と自分に対して限りなくやさしくなるなら、あなたの**ソウルネーム——魂の名前**（50ページ参照）をまどろみの中ではっきりと聞くことができるでしょう。

「自分の魂の名前」を自分がはっきりと知ったときから、本当の自分を生きる人生のスタートだと思います。

まずは、自分の名前をやさしい気持ちで、唱えてみませんか。

日本の集合意識の核である「和」のパワフルなエネルギーが、波風をたてないだけの表面的な和ではなく、真のパワーとして世界へ広がっていきますように。

セルフパワーアップ④ 素敵なポートレートをとってみませんか？

和の叡智は、わたしたちの内には、天地創造の源である天之御中主神《あめのみなかぬしのかみ》そのものの分《わ》け御魂《みたま》が宿っていると教えています。つまり、自分の意識の創造主。

意識が現実世界をつくっているので、自分が自分をどう思っているのか、つまり、セルフイメージが人生のすべてに関わります！

「わたしって素敵じゃん」と思えるなら、素敵な出来事がふえてくるしくみです。

わたしのとっても素敵な仲間、中田真理子さんは、写真家でありながら、通訳や、カウンセリングもこなすマルチな女性です。

自然な笑顔を引き出してくれました

こんなんも！

そこでわたしもポートレートをとっていただきました。ちょっと恥ずかしいけど、シェアしちゃいます。

「お、写真うつりいい！」と思ってくださった方。でしょ？

土台がいいのはもちろんですが（笑）、よいところを引き出してくださるのが才能ある写真家さん。リラックスしながら、わたしから自然な笑顔を引き出してくださいました。

いやあ、人生がさらに明るくなりました。

自分の世界はすべてセルフイメージがつくります。

まずは素敵なポートレートをとってみませんか？

新しい自分自身と出会えます。

セルフパワーアップ⑤ 落ち込んだときの超便利な方法

先述のとおり、わたしたちの魂は誰が何といっても、創造主の幹細胞――分《わ》け御魂《みたま》です。

つまり、「自分が自分のことをどう思っているか」というセルフイメージは、生きていく上の動力源なのです。

では、セルフパワーがない人ってどんな状態なのでしょうか？

まず、姿勢です。落ち込んでいたり、自分はダメな人間などと思っている人は、だいたいうつむいています。そして背中がまあるくなってる。おそらくとても傷つきやすい状態なので、無意識に自分のハートの部分を包み込んで守っているのです。

地面を向いて、猫背で、歩くのも遅めで、時々は～っとため息がもれる。こんなときはセルフパワーのバロメーターは落ちているはずです。

セルフパワーをアップする具体的な方法としては、「内から外へのアプローチ」と「外から内へのアプローチ」の2種類があります。

内から外へのアプローチにはいろいろありますが、まず、わたしはこんなことが得意とか、整理整頓が上手、お料理が好きなど、長所だと感じているところにフォーカスします。大好きなことをしている場面は、楽しくて自己受容感が増します。

あるいは、大好きな気持ちのよい感覚、お気に入りの香りや、ふわふわのネコちゃんを抱っこしたときの感覚とつながるのもよい方法です。

安心の副交感神経がリラックスしてきて、セルフパワーがアップします。

できれば普段から瞑想《めいそう》にトライして、脳波を下げて深くリラックスした状態を体験できたら、その感覚を身体に覚えてもらうのもとっても有効です。

催眠《さいみん》でアンカリングというのですが、ゆるぎないリラックス感を感じているときに、お気に入りの印《いん》を組んでみる。何回か、繰り返すと、身体が覚えてくれて、その印を組むと、意識がす～っとリラックスします。

人間、リラックスしているときが一番パワフルなんです。


そして外から内へアプローチする方法は、とってもシンプル！　鍵は姿勢です。

例えば、わたしが大好きな「にほんごであそぼ」というＮＨＫの教育テレビの子供番組があるのですが、野村萬斎《まんさい》さんが「ややこしや、ややこしや」と言いながら踊るコーナーがあって、お能の姿勢と立ち方を子供たちに教えて、形の持つエネルギーとかパワーを身体に覚えさせます。

パワーを発現するという意味では、ダラーンと座っていたり、下を向いてがっくりしているよりは、背筋をすっと伸ばして座って、胸を開いてシャキッとしているほうがパワフルです。


そこで、落ち込んだときにおすすめの方法があります。

まず、皆さん、落ち込んでみてください（笑）。

落ち込んでいるときは、全員が目を閉じて、あるいは下を向いて首を垂れますね。

なので、まずは背筋を伸ばして、上を向くのです。

坂本九ちゃんの「上を向いて歩こう」というのは大変すばらしい歌詞で、上を向くだけで気持ちが絶対明るくなります。

そして、眉毛と口角を上げて、上を向いてニコッとします。「♪眉毛上げてッ、口角上げてッ、はいッ、上向いてッ！」とやると、人間って不思議と落ち込めないのです！

まず外から内へアプローチして身体のほうからエネルギーアップしていくと、いつの間にか気持ちもアップします。


落ち込んでいるときは、「わたしってかわいそう」と落ち込みプールの中にどっぷりと浸り切ってしまいますが、**わたしたちは自分の気持ちの状態を選ぶ自由があるのです。**

「ああ、もうダメだ、どうしようもない」と思っている自由も、「眉毛上げてッ」と言って形から元気を取り戻していく自由もある。

わたしは落ち込んだときには、最終的にはポン！　とジャンプします。

すると、地面から離れて着地したときに、新しい自分が生まれています。

それがセルフパワーなんです。

落ち込んでいても、よし、やってみようと思えば、眉毛を上げたり、口角を上げたり、目を見開いたりできますよね。

エネルギー的に言えば、口角を上げると、頭頂にある第7のクラウンチャクラというエネルギーセンターがパカッと開いて「元気の気」がいっぱい入ってくるという理由もあります。眉毛を上げると、脳の中で気が流れる場所が変わって、脳内物質が変わるんですよ。きっと！

セルフパワーアップ⑥ 頭と身体が信じれば、絶対にいいことが起きます

落ち込んだときには、パン！　と柏手を打つのもおすすめです。

古来、柏手というのは固まったエネルギーの祓《はら》いなのです。

例えば、ひきこもりの方のお部屋に入ると、窓もドアもあけないので空気がドヨー

ンとしています。身体も動かさないから、気が固まったゼラチンのように固定してしまっています。

落ち込んでいると、自分のオーラや身体の気の流れが悪くなっているわけです。なので、柏手を打ったり、手足をブルブルさせる魂振《たまふ》りエクササイズをするとシフトできます。

落ち込んだときには、電車に乗って、自分にとって吉方に行ってしまうという手もあります。

マインドもパワーなのです。ただ単に頭だけではなくて、ソウル、スピリット、ボディの全部含めてマインドと、わたしは呼んでいます。

だから、**頭と心と身体が信じれば、シフトを起こせます。**

吉方という、その人に沿ったバイブレーションで応援してくれるエネルギーはもちろんあると思うのですが、それよりも何よりも効くのは、「わたしは吉方に行っている」という思いです。「吉方に行ったわたしには、絶対いいことしか起きない」と頭と心と身体が信じることができたなら、絶対にいいことが起きます。

だから、いかに頭と心と身体を一つにまとめるか。

それがセルフパワーの根本です。


いま、植物や天使などの波動をとりこんだスプレー、エッセンスがいろいろとありますが、これはわたしのハートの愛とつなげてくれて、パートナーシップを引き寄せるエッセンスだと全身全霊で信じられるなら、すばらしい出会いは絶対に起きます。

それが世の中のしくみです。

もちろん物理的に身体にいいエッセンスはありますが、その効果が例えば30ぐらいだとしても、心から信じられたら100になります。

逆もあって、「これは高い化粧水でシワが取れると言っているけれど、本当はたいしたことないんじゃないの」と思いながらつけると、シワが取れないことが現実化するんです。

でも、「この化粧水をつけた人はみんなしわが目立たなくなって、つるつるお肌になったんだよ」と聞いて、「わたしも〜!」と疑いなく信じて使えば、おそらくある程度つるつるになります。

セルフパワーアップは意識的に訓練が可能です。
ダメ押しします。何を感じるかは自分で選択できます！

セルフパワーアップ⑦　選択したら、後悔しない！

わたしたちは、常に迷いの日々を送っています。ランチメニューを見て、オムライスにするか、カツカレーにするかに始まって、ヒロシと結婚するかケンジと結婚するかといった人生の重大事項まで……。

「ああかな、こうかな、いややっぱり違う」などと迷うことは、セルフパワーを減らします。

だから、おすすめは決めてしまうことです。

いったん選択したあとは、後悔しない!!　後悔もセルフパワーが激減しますから。

ノウイングスクールでゲリーがよく話すジョークがあります。

「目に見えない存在たちは、人間たちが迷っているのを上から見てこう言っているんだよ。人間って、どっちに転んでも、どうせそっちを選ぶことになっているのがわからないんだよね～って笑っているんだ」と。

AかBか迷いに迷って最後にBを選んだとしたら、それははじめからBを選ぶことになっていたということです。

神秘的な話になりますが、選ぶまでは確かにいろいろな平行次元があるけれど、魂視点から言えば、「時間」という概念はなくて、すべて同時に起きているのです。結果も同時に存在しているので、それを選んだという現実しかないわけです。

Aを選んだのなら、はじめから選ぶことになっていたということです。

「ああ、あのときヒロシをふって、ケンジと結婚してしまったわたしってなんてバカだったんだろう。ケンジがこんなマザコンだとは思わなかった。ヒロシと結ばれていたら……」と思う時間があったら、顔でも洗ってお掃除でもしましょう。はじめから、ケンジと結婚することは決まっていたんです。

天使たちがキャッキャと笑いながら、天から迷ったり後悔したりしている自分を見降ろしているのを想像してみてください。なんだかバカバカしくなりませんか？

後悔するのは、もうやめましょう。

そして、迷ったら……決めたほうが選ぶべきほうだったんだわと、きっぱりと前に進んでいきましょう！

これでセルフパワーアップは間違いなしです。

セルフパワーアップ⑧ いままで「やったことがないこと」をやってみよう

「新しい自分と出会う」ためには、「いままでやったことがないこと」をやってみるのが一番のおすすめです。

例えば、男の人だったら、フラワーアレンジや手芸など、女性向きといわれてきたジャンルに挑戦してみるのです。まったく興味がないことを始めるのは難しいと思うかもしれませんが、わたしたちは平均350回も輪廻《りんね》転生しています。男だったときも女だったときもあり、楽しい思いやイヤな思いをしながらさまざまな経験をしているわけです。

だから、**ちょっとやってみたいなとアンテナにひっかかってくるものは、過去世のどこかで必ずやっています。**

何十年も生きてきて、まったくやったことがなかったけれど、なんだか面白そう！と思う新しい何か、しかも具体的な新しいことを始めるのは、「新しい自分に出会う」素晴らしい方法です。

以前に、中間管理職の男性向けの自己実現セミナーを行ったことがあります。

一流の先生を呼んで、そこで取り上げたのは、生け花、社交ダンス、弓道、たった30分でバタフライを泳げるようになる水泳教室などを皆さんに体験してもらったのですが、好評だったのは生け花でした。

生け花というのは、色と形のアレンジメントです。「男なのに生け花なんて」と言っていた方々も、やってみたら意外と面白いことに気がついたのでしょう。

わたしたちの中には、男性性と女性性のどちらもあるわけで、生け花体験によって、この人生ではいままであまり使ってこなかった女性性のエネルギーが活性化する。未知の自分への扉が開いたのです。

わたし自身の体験をお話ししましょう。娘が小さいときに「空手に興味がある」と言うので、近所の空手教室のトライアルに連れていったことがあります。そのとき、空手着を着たコーチに「お母さんもやってみませんか？　わたしを思いきり殴っていいですよ」と言われたのです。

え、わたし、いままで一度も思いっきり人を殴ったことがない……。殴っていいの？　ほんとにいいんだ！　人を殴れる喜び？　に満たされつつ、「エーイッ！」と大声で叫びながら、コーチの腹をめがけて握りこぶしを思いっきりドーン！

その気持ちがよかったこと。

それでわたしの男性性が目を覚ましたのだと思います。これは自分がまだ気づいていないいセルフパワーにつながるすごくいい方法だと思いました。

だから、新しい自分と出会うために、女性は格闘技だったり、男性は生け花だったり、一般的に現在のジェンダー向けと思われていないものをやってみるのがおすすめです。

いままでやったことのないメイクを試すのも面白いです。私の娘が菩薩《ぼさつ》メイクというのをやったことがあるのですが、本当に女神様のような顔になります。

いま、アプリでさまざまな顔の加工はできますが、そうではなくて、実際に体験してみましょう。わたしの友人の男性は、超かわいいきゃぴきゃぴギャルにスタジオで変身していました。そこで本当に新しい世界に目覚めてしまう方もいるかもしれませんね（笑）。

特に空手がいいなと思ったのは、腹の底から声を出すので、のどのチャクラが全開になるし、丹田《たんでん》を意識するからです。物理的なセルフパワーの中心は丹田ですし、神秘学的にはみぞおちの太陽神経叢《たいようしんけいそう》と言われます。

わたしは下のチャクラ、第1、第2、第3が統合された中心が丹田だと思います。

丹田は下腹にありますが、思ったより下で、女性は子宮、男性は睾丸に近いところだそうです。丹田の反対側は仙骨で、呼吸によって丹田／仙骨に強烈なパワーを吸い込むと確実に元気になります。

神道でも、全身から丹田にご神気を吸い込むという呼吸法を実践するのですが、神道呼吸などと気張らなくても、落ち込んだときには、それこそ日常的に、「よしッ、丹田にエネルギーチャージ！」と思って、丹田／仙骨を意識して太陽パワーでもなんでも吸い込めば、お手軽にセルフパワーアップできますよ。

セルフパワーアップ⑨ 自分の名前を紙に書いてリーディングしてみる

先にも少し触れましたが、名前は波動を持っています。

もう一度伺いますが、皆さんはご自分の名前を好きですか？

実は、自分の名字が嫌いだったり、下の名前が嫌いなど「自分の名前が嫌いなんです」という人にけっこう出会います。本当の原因は名前をつけた親が嫌いなど、いろいろ理由があるようです。

外国の方の場合、○○ジュニアとか××シニアなど、お父さんやおじいちゃんとまったく同じ名前をつけることがあります。ある意味、それはその人のエネルギーが入ることになると、昔、ヒーリングクラスのときに、レバナ・シェル・ブドラ先生がおっしゃっていました。

本当は自分の名前は自分が所有しなくてはいけないのに、そこに他者のエネルギーが入ってしまう。結局本人の意識が他者のエネルギーを無意識に受け入れているということです。

歌舞伎や伝統芸能で、先代の名前を引き継ぐというのは、このエネルギーが入ることを利用しているわけですね。名前にスピリットの情報エネルギーを乗せて、目に見えない心技体のパワーを次世代へ伝承していくのです。

わたしの知り合いにひろみちゃんという女性がいます。彼女のお母さんが郷ひろみが好きで、お父さんが岩崎宏美が好きで、それで娘にひろみとつけたのだそうです。

ひろみちゃんに関しては、彼女自身が歌手なので、名前のパワーで歌手のエネルギーも取り込んでいるから、つけられるべくしてつけられた名前だと思います。

例えば、親が明智光秀《あけちみつひで》が大好きで、子供に光秀ちゃんとつけたとします。本人が大きくなるにつれ、「織田信長を裏切った光秀?」と言われたとしたら、光秀という名前に対する自他のネガティブなエネルギーが自分の名前に無意識に入り込んで、それで名前がいやと思うことになるかもしれません。

そういう場合は、イメージで、自分の名前を目の前の空間に文字で書いて、そこから「他者のエネルギーを取る、抜く、祓《はら》う」という意図と呼吸を使ったワークをしてみましょう。実際のところ、他者のエネルギーを受け取ることを許可しているのは自分自身なのです。

わたしたちは創造主の幹細胞なので、わたしたちの中に世界のすべてがあります。自分の意識の中に、全宇宙があり、地上に生きるすべての人々がわたしの中にその人として表現している場所があります。

例えばソクラテスが大好きだとしたら、自分の中で、ソクラテスとして表現している場所とつながれば、ソクラテスの波動と共振することができます。もしお母さんがソクラテスが大好きで、子供に即羅――ソクラちゃんと名づけたとしたら、そして本人もソクラテスを知った上で、自分のものとして名前のエネルギーとつながるなら、ＯＫ。過去世でもきっとご縁があったはずですし。

名前は波動を持っています。自分の名前が嫌いなら、「なぜ嫌いなのか」が認識できれば、そこにくっついた要《い》らないエネルギーを、呼吸によってオリジナルの自分の波動に戻していく……それを**「自分の名前を所有する」**という言い方をします。

わたしは大野百合子という名前が大好きです。７月生まれだったということもあって、女の子だったら百合子だと、なぜか決まっていたらしいのです。大人になって、百合子という名前を見ると、「百に合う子」です。百というのはたくさんという意味があるし、合うとか合いという言葉は、音も好きだし、ユニティとか合一という意味もあります。

なので、百合子というのは「たくさんの人とつながれる名前だな」と思ったのです。

それから、百合の花は、ヨーロッパではロイヤルファミリーの紋章だったり、マリアの象徴だったりするので、さらに気に入っています。

前述の孫の実体験も含めて、親が名づけたように見えたけれども、子供は自分の名前、自分のバイブレーションは自分で選んで生まれてくるんだなと思うようになりました。

だから、**自分の名前を紙に書いてリーディングすると、自分の本質の波動とつながれると思います。**

リーディングというとヒーラーやリーダーの人しかできないのではとか、難しそうと思ってしまいますが、そんなことはありません。

例えば、百合の紋章を見ると、キレイなバランスだ、これは三位一体《さんみいったい》かもしれないなんてなんとなく浮かぶ……そんな感じで波動が持つ情報はやってきます。

誰にでもできます。色のイメージやら、なんでも連想するまま、心に浮かぶままに感じてみましょう。必ず、あなた自身の大もとの響きが伝わってくるはずです。

セルフパワーアップ⑩ ソウルネーム（魂の名前）を意識する

わたしたち魂はみなソウルネーム（魂の名前）をもっています。

わたしは、この人生のこの肉体では、大野百合子という名前ですが、過去世で、パリで売春婦をしていたときはブリジットという名前でした。希望的観測としては、高級娼婦だったのではないかと思います（笑）。

肉体に宿っているときの名前とは別に、永遠不変の魂の波動は、特定の音をもっていて、それを「ソウルネーム」と呼んでいます。

「わたしという魂」は地球に降りてきていろいろな肉体に宿りますが、大もとの魂の波動は変わらずにずっと同じです。自分の魂の名前は、準備ができたら目に見えない存在から呼ばれたり、ストンと自分の意識に降りてきます。

魂の名前はその人の本質、その人そのものです。

ですから、かつて、相手の魂の名前を知れば、魔術を使ってその名前に呪いをかけたり、エネルギーで何か影響を与えることができました。

現代でもそれは可能です。ファンタジーには、主人公が自分の本当の名前を探しに行ったり、敵が主人公の真の名前を見つけようとする物語があります。グィンの『ゲド戦記』のように。

なので、もし魂の名前がわかっても、「人には言ってはいけない」と言われています。

意識の拡大した人は、ほかの人の魂の名前もわかるのですが、本人に準備ができていないと、魂の名前を聞かされても「こんな音、イヤだ」と感じてしまうかもしれません。そうなるとかえってよくないので、古代の叡智《ノウイング》では魂の名前は自分で見つけなければならず、見つけても人には言いません。

魂の名前は高次元の周波数を音にするので、片仮名で表記できるボブやナンシーといった一般のハッキリした発音ではなく、もう少し微妙な音です。あえて口にだして発音すると「しゅー」といった具合です。

わたしたちは守護天使や菩薩、高次元の存在たちにサポートされていて、それを英語ではアバターといいます。魂の名前を自分で感じる方法として、誘導瞑想の中でそういう存在たちを呼んで、「わたしの魂の名前を教えてください」と伝えて教えてもらうこともあります。

やはり名前というのはすごいのです。

例えば、机という名前がつく前に、その物体の波動がすでにあるわけです。名前と本体の関係性というのは面白くて、物体に名前がつくことで、本体の波動も三次元の現実に固定されていくのでしょう。「あれ」ではなく「つくえ」と呼ばれ続けることで、机という物質波動が強化されていきます。

また、日本語では「つくえ」といいますが、英語では「テーブル」ですね。

同じものでも、呼び方が違えばわたしたちの意識に与える影響は違ってきます。

21世紀の超イケメン男性の名前が「ごんべえ」か「リョウ」かで伝わるイメージが

違うように。かっこいいごんべえさん、いらっしゃったらごめんなさい。

人は芸名をつけたり、ニックネームをつけたりしますが、それで呼ばれたときのセルフイメージももちろん変わります。

横浜流星《りゅうせい》さんという芸能人がいますが、本名だそうです。宝塚のスターが芸名で呼ばれるのと本名の平凡な名前で呼ばれるのでは、おそらくご自分が受けとる波動が違うでしょう。

日本では名字で呼ばれることがほとんどですが、外国に行くとファーストネームで呼ばれることが多いです。血縁や家系を重要視するのが日本の集合意識で、日本は大から小、つまり集合意識全体から個人へ流れていきますが、逆に英語圏の集合意識は、個から始まって、大きく広がっていきます。

「百合子さん」と呼ばれると自分個人という感じがすごくしますし、「大野さん」と呼ばれると、代々大野家のエネルギーを背負った自分が無意識的にも意識的にも響いてきます。

自分の名前を書くときも、アメリカではユリコ・オーノですが、日本では大野百合子です。住所も、アメリカでは番地からスタートしますが、日本では日本国神奈川県○○市という順番です。

「集合→個」と「個→集合」の違いが実に興味深い。名前の呼び方ひとつとっても、その民族の集合意識が影響していることに気づきます。

わたしたちは平均350回の輪廻転生であらゆる文化を体験しているわけですから、魂意識が肉体感覚意識と統合されていくなら、だんだん「集合→個」の日本人濃度が薄まっていくかもしれません！

セルフパワーアップ⑪ 自分に合う土地のバイブレーション（波動）を感じてみる

昔はご先祖様の土地や家系を守るために、ほとんど引っ越すことはありませんでした。移動手段が少ないこともあり、氏神様《うじがみ》と産土神様《うぶすながみ》がほとんど同一視されていました。

氏《うじ》というのは家の名前です。でも、現代では世界各国、自由に住むことができる時代です。自分がいま、住んでいる所が活動活躍の場なので、そのエリアの大地のバイブレーションとなじむのは大切です。

カウンセリングで、「わたしに合う土地はどういうところでしょうか?」と聞かれる方がいます。DNA的に寒冷地系とか南方系とかありますけれども、それぞれが固有の波動をもっているので、自分の波動に近い土地のほうが楽に過ごせます。

また、DNAが寒冷地向きだからと合う土地を単純に決めるのではなく、魂も肉体も輪廻転生しますから、例えば肉体のほうの過去世で山口県の下関《しものせき》に長く住んでいたから、いまは長野住まいだけれど、下関の土地も合っているといえます。

わたしは17歳のときから神奈川県の葉山に住んでいますが、葉山は大好きです。

もともとは両親が選んだ土地ですが、バイブレーションが軽やかで、わたしに合っています。鎌倉にも住んだことがありますが、どちらかと言えば重厚な鎌倉より、葉山にいるほうが楽なんです。

わたしたちの五感はすごい力を秘めているので、土地の波動が自分に合うか合わないかは、「なんとなく居心地がいい」とか「なんとなく落ち着かない」という感覚が教えてくれます。

そして、いまもしあなたが「引っ越したい」と感じているなら、そろそろあなたご自身のトータルな波動が変容してきた証拠。自分発であれ、会社など他者発であれ、あなたの人生における大きな転換期であることを知っておいてくださいね。

セルフパワーアップ⑫　憧れの人に近づく方法

心理療法のＮＬＰ——神経言語プログラミングは、能力開発の技法でもあります。

自分が本当に憧れている人やすごい天才の「まねをする」という方法があります。NLPの創始者自身も、精神科医で心理学者のミルトン・エリクソンの催眠療法をそばでずっと観察し、ある種コピーをしてエリクソン独自の手法を手に入れました。

本当の自分の波動ということと真逆に聞こえるかもしれませんが、わたしたちは分《わ》け御魂《みたま》ですから、自分の内側にその人として表現している部分《パート》があると前にもお伝えしました。ざっくり言えば、わたしたちの内側に木花之佐久夜昆売《このはなのさくやひめ》もいらっしゃれば、宗像三女神《むなかたのさんじょしん》も存在を表現しているわけです。

ある意味、人は自分自身のひとつの側面だという見方をするなら、「あんな人みたいになりたい」と憧れている人がいれば、自分の内側でその人として表現している部分と共鳴し、自分のものにしていけばいいのです。

具体的には、ミラーリングという方法を使います。

つまり**鏡のように「なりたい存在」を丸ごとコピーするのです。**

憧れている人の動きを、細かくまねをしていきます。例えば、その人が手を挙げたら、自分も超微細に手を挙げてみる。その人が笑ったら笑ってみるなど。人間は超微細に身体を動かすことができるんです。それを超微細筋肉運動といいます。

実際に手を挙げるのではなく、思考で手を挙げていると思いながら、ほんの少数点以下数ミリぐらい指を上へ移動させる感じです。

それほど微妙な動きでも、脳は同じことをやっているように感じ、同じ体験の波動を感じることで、相手の意識やエネルギーそのものまで自分の意識に響いてきます。相手の心身エネルギー情報を自分に転写する感覚です。

これはなかなかパワフルですよ。いつのまにか、憧れの相手のかっこいい物腰や、明晰《めいせき》な思考法がふと顔を出してくれるかもしれません。

ぜひ、日常で実験してみてください。

セルフパワーアップ⑬ 夢の次元を利用してストレス解消

セルフパワーをアップするためには、夢の次元を利用することも効果的です。

夢にもいろいろなレベルがあって、例えば、「お手洗いに行きたい」と思ったらトイレに行く夢を見ることもあるし、無意識にたまっているストレスや不安を夢の中で吐き出して解消することもあります。

ひんぱんに見る夢もあります。夢は、自分の潜在意識など、気づいていない自分自身を知るためにもとてもいい方法です。

3次元の隣に夢の次元があって、その夢の部屋はいろいろなコンパートメントに分かれています。より波動の高い意識のほうへ自分の身体の感覚意識を持っていくことができたら、ずっと考えていた問題の答えが夢の中で降りてくることもあります。

アインシュタインが発表したエネルギーと質量の関係式 $E = mc^2$ もそうだし、DNAの二重螺旋《らせん》も、夢で見えたのではないかと思います。

夢の世界は、高次元の自分や、宇宙図書館にもつながっている広大な情報の宝庫です。夢にはモンスターが出てきたり、人を殺してしまうことさえありますが、結局すべて自分の意識が体験していること。自分の夢の中に出てくるモノやヒトは全部が自分の一部だとしたら、夢の中で殺した人は、実は「古い自分自身」であったりするのです。

こんなに面白い「夢の次元」を活用しない手はありません。

夜眠る前に、「この問題について教えてください」と祈ったり、「夢をとおして自分の葛藤を解放する」と意図して寝たりして、**夢をとおして何を体験したいかのヒントを仕込んでおくのです。**

夢を見たあとは、見た夢を考察することで、より自分を知ることができます。

目が覚めたあとも、あとから再び同じ夢の中に瞑想で入っていって、どういう意味かを自分に問いかけ理解することも可能です。

例えば、夢に出てきた巨大なりんごは、わたしに何を伝えているのだろうと。

だから、わたしはいま、ドリームワークに注目しています。

かつてわたしは、「靴が片方見つからない」という夢を本当に繰り返しよく見ていました。靴は立ち位置の象徴で、3次元の現実における自分のひとつの役割だったり、職業だったり、アイデンティティを意味しています。

その靴が片方見つからないというのは、自分自身がいまやっていることに対して「何かが欠けている」「十分にできていない」と感じていたということでしょう。

また試験を受けているのに、答えが全然わからない、舞台に立っているのにセリフがまったく出てこないなどの夢も、自分は「これだけできなくてはいけない」というエネルギーや、「できないかもしれない」という不安が表面化しています。

そういった自己否定を、呼吸法などを使って意識的に解放するなら、どんどん実生活が楽になります。

このようなモンスターは、自分の潜在意識の恐れの象徴なので、もし追いかけられたら、逃げるのではなく、振り向いて立ち向かいましょう。

このように、意識的に夢に取り組みはじめたら、夢の中で、夢を見ている自分に気づく「明晰夢《めいせきむ》」体験へと移ることができます。明晰夢は魂魄《こんぱく》（77ページ参照）が統合している体験です。

そのまま宇宙図書館へ行って、未来を知ることさえできるようになります。

夢は無意識が生み出したもので、その中にはいろいろな種類があります。ストレス解消の夢、物理的肉体の情報、前世などの魂情報、インスピレーション、ヒント、自分の超意識、潜在意識の情報の夢などいっぱいあるので、自分が昨日見た夢は、その中のどれなのかを探ってみてください。

起承転結がはっきりしていて、あっちに行ったりこっちへ行ったりしない夢は過去世です。眠っている間、魂はさまざまなところに行っているので、そこで別の転世を見て、この身体に戻ってきたときに夢という形で情報を解釈します。

また空飛ぶ夢は、魂が身体を離れて体外離脱しているのを意識化できているときに見ます。

よく「夢日記をつけましょう」と言いますが、わたしの夢は長過ぎて書くのが大変なので、つけたことがありません。夢は自分の情報の宝庫なのに、本当にもったいないと思います。

その上朝起きて、フッと他のことを考えると、いま見た夢がツルンとどこかに行ってしまう（笑）。だから、夢は尻尾をつかまえなければならない。尻尾をつかまえるために、一言メモをとることを始めました。

わたしは今晩はどんな夢を見るだろうと、寝るのが楽しみでしょうがありません。

そうすると、夢のほうも意識を向けられるから、きっと期待に応えてくれるはず。

あなたも今晩お布団に潜り込む前に、利き手でないほうの手のひらに向かって、「面白い夢を見ますように」とお願いしてみましょう。

お休みなさい。素敵な夢を！

セルフパワーアップ⑭ 「ありがとう」の言霊パワーでセルフイメージを高める

日本人は、褒められたときに、「いえいえ、とんでもありません」などと、すごく否定してしまいますね。わたしも意識しないと、「百合子さんって、すごいですね」

と言われると、「いや、そんなことないですよ」とつい言ってしまいます。

やはり日本人の一番大きな集合意識として、「出る杭《くい》は打たれる」とか、「謙遜《けんそん》の美徳」という概念が、ふかーいところまで浸透しているからでしょう。

「わたしってすごくきれいでしょ！」などと言うと、「自慢している」とか「傲慢《ごうまん》だ」と思われるのが怖いのだと思います。反対に、自分を卑下《ひげ》したり、小さく見せていると、嫉妬《しっと》もされないし、つつかれないから安心。ビビり心のメカニズムが働いているのです。

でもこれからの時代、のどのチャクラが本当にパワーアップして、言葉の持つパワー、言霊のパワーが強くなっていきます。

だから、褒められたときに「いえいえ、わたしなんか」とか「とんでもない」と否定してしまうと、せっかくのエネルギーがシュルシュルシュルーと縮んでしまいます。

「わたし、本当にきれいになったのかしら」と受けとった言葉そのものをちゃんと理解する前に、褒められると即否定の反射パターンが、ほとんどの人にしっかり根付いてしまっています。

「すごくきれいになりましたね」と言われて「いえいえ、とんでもない」と言うのは、「How are you ?」と言われたら、機嫌が悪くても「I am fine. Thank you.」と言うのと同じです。エネルギーが全然こもっていません。会話を滑《なめ》らかにするためだけに、ロボットのように謙遜するのは、まさに「偽物の謙遜」です。

「偽物の謙遜」は「本物の傲慢」と同じなので、これからの時代に意識して直していかなければならないパターンです。

では、どうすればいいのでしょうか。褒められたときには、あえて意識的に「ありがとう」と言うことをおすすめしています。

「きれいになりましたね」と言われたときに、自分としてはまだまだと思っていて、**素直に誉め言葉を受け入れられないとしても、「ありがとう」と言う習慣をつけましょう。**

そうすると、言霊のパワーで、本当は自分でも少しはきれいになったと思っているなら、その部分も活性化して、「きれいなわたし」というセルフイメージもだんだん定着していきます。仕組みを理解して、それを利用しない手はありません。

昔から言われているアファメーション（宣言）というものがあります。

アファメーションというのは、鏡を見ながら「わたしはきれい。わたしはきれい」と唱えるときれいになるというものですが、これにはちょっとした注意事項があります。

本当に深いところで自分は不美人だと思っていたなら、そのエネルギーに上からかぶせるように「わたしは美人。わたしは美人」と言っても、逆に葛藤が深まる場合があるのです。

人間は、瞑想法などを使ってジャッジのない場所に行くことができます。

それは前意識という脳波がゆったりと少し遅くなり、論理を考える脳ミソがちょっとぼんやりしているところです。脳波がα《アルファ》波からθ《シータ》波の間ぐらいかそれ以下になると、自分の本質的なエネルギー、美しいエネルギーとつながれる領域に入ります。

その意識状態で、自分を受容しながらアファメーションをするのがおすすめです。

子供のころから「おまえはブスだ」と言われて続けて、自分はブスだというセルフイメージが頑固に居座っているのに、表面的に「わたしはきれい。わたしはきれい」と言っても、ほとんど効果は期待できません。

わたし自身も、ある方が「大野さんはすごくきれいなエネルギーの方ですね」と言っていたと人づてに聞いたとき、うれしいというより、ちょっと戸惑《とまど》いました。きっと日本人の集合意識で、「そうでしょう。イエーイ！」と言えない自分がいたのだと思います。

もしくは、自分のエネルギーがきれいだとあまり意識したことがないのか、「きれいなエネルギーの自分」というセルフイメージが弱かったのかもしれません。生き生きしたエネルギーとか、楽しいエネルギーというセルフイメージのほうがしっくり来ていました。

これから「きれいなエネルギーのわたし」というセルフイメージをどんどん取り入れようと思います！　イエーイ！

セルフパワーアップ⑮　人生は本当は奇跡だらけ！

わたしは福山雅治が結婚してしまってがっかりしているのですが（笑）、例えば、福山君と街でばったり会ったら、彼がわたしのつくった『日本の神様カード』を手に持っている。

そして「わたしがこれを書きました」と遠慮がちに言うと、福山君はニコニコしながら「これからお茶しませんか？　もっとお話が聞きたい」と言う……こんなシナリオは奇跡です！

でも、そういうとてつもない、思いがけないうれしい出来事とか、いきなり超能力者になってアメリカまで一瞬でテレポートできてしまうとかではない、「小さな奇跡」を見つけてみませんか。

新江ノ島水族館にクラゲがいますが、クラゲはすごいふえ方をするのです。オスのクラゲとメスのクラゲが結婚して子どもを産むわけではなくて、重なって棒のようになっているのがばらばらになって1つ1つが小さなクラゲの赤ちゃんになる。

わたしはこんな自然の生態を特集している命の不思議を実感できるテレビの番組が大好きです。

ご飯を食べているときには、焼かれて目の前の皿の上にのっている魚がどういう一生をたどったのだろうかとか、人と出会ったときに、何かが1つずれていたら、この人とはきっと出会っていないだろうななど、普通に**「奇跡を見つけようごっこ」**をしてみると、ありとあらゆるところに、「エーッ、すごい！」という感動があって、**「世の中奇跡だらけだな」**と思うのです。

意識はすべてなので、頭と心と身体全部で「わたしは福山君と親密になってお茶ができる！」と信じ込めたら、きっと引き寄せられるとは思うのですが、そんなことにエネルギーをいっぱい使うよりも、いま、自分がここにいる奇跡を感じていたいのです。

世代を20代さかのぼると、先祖は100万人になるそうです。その100万人の中の1人が欠けてもいまのわたしはここにいない。それは小さな奇跡ではなくて大きな奇跡かもしれないと思い始めています。

そんなふうに奇跡発見ゲームをしていったら、いまの人生が奇跡だらけの人生になるわけです。

奇跡は、本当にあります。

いまのこの意識状態だと奇跡ですが、おそらく宇宙の創造の仕組みから言えば当たり前で、**当たり前のエネルギーが当たり前に流れることを、自分でどこかでとめているから奇跡が起きていないのです。**

セルフパワーアップ⑯ 「奇跡が当たり前」という流れをとめてませんか？

「大人の発達障害」という言葉が世間に浸透して、それが意識に固定されてしまった感があるのですが、わたしは自分が注意欠陥・多動性障害（ＡＤＨＤ）の傾向があると思っています。

瞬間・瞬間には一点にすごく集中できるけれども、1つに集中すると一瞬前にやっていたことから意識がビューンと飛んでいってしまうので、ファイルにきちっと資料を整理することが大の苦手なんです。


わたしは個人セッションをするときに、クライアントの方の家族構成などもカルテに書くのですが、ある日、何年か前にセッションをした方のカルテがどうしても見つからなくて、困ったなと思ったことがありました。

その方のセッション当日がきました。もうすぐ予約時間というとき、ふとクローゼットをあけて、重ねて置いてある洋服を2、3枚めくったら、なんとヒラリと当該のカルテが床に落ちたのです。


いまだに、なぜそこから出てきたのか聞かれてもわからないのですが、そのときは本当に驚くとともに、神々に感謝しました。

目に見えないスピリットガイドが、カルテを別の場所からテレポートしてそこに持ってきてくれたのかもしれないし、たまたまわたしが服を脱いだときにそこに置いたのかもしれませんが、こういうことが起きるのです。何年も前のカルテが、そのセッションの当日に目の前に落ちてくるというような。

こんなことも起きるんだとわたしの意識が受け入れると、つまり、奇跡が起きることを自分が許可すると、「こういうこと」がふえてくるのです。やはり**わたしたちは「奇跡が当たり前」という流れをどこかでとめてしまっているのです。**

「奇跡はめったに起きない」という概念を引き連れて生きている人がほとんどですが、「奇跡なんて本当は普通に当たり前に起きる」。ここにお水があったり、ここにペンがあったりすることがすごいじゃん！　ということが腑《ふ》に落ちたなら、人生本当に楽しいと思いませんか？　魂の目的はエンジョイすることなのですから。

セルフパワーアップ⑰ 魂の目的は、楽しむこと、喜ぶこと！

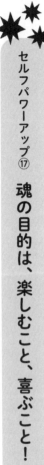

わたしのセッションを受けに来てくださる多くの方が、「今回の人生の目的は何でしょうか？」、「わたしの魂の目的は何ですか？」とお聞きになります。

アカシックリーディングをするときは、わたしが目的を読むのですが、催眠療法を使うときには、クライアントさん自身の意識を、今世生まれる前のところに誘導します。

そして、「これからあなたは日本人として女性の身体で生まれようとしています。この人生で何を体験したいですか？」と聞くと、驚くことに、ほとんどの方が「楽しむために生まれようとしています」とおっしゃいます。

魂は「地球体験を楽しむためにきた」ということを、皆さんどこかでちゃんとわかっているのです。

逆に、地球での「宿題」をやることが目的になっている場合があります。

例えば、過去世においてリンゴを半分かじりかけて死んでしまったとします。あの人生で残した半分のリンゴが気になると、残り半分のリンゴを食べるためにこの人生に生まれる。それは目的というよりは課題です。課題をクリアすれば本来の自分に戻れる。

例えば、ある人生で、自分が人をすごく傷つけてしまったなと思うと、自分で自分を責め、その罪悪感がカルマをつくるのです。

自分が人をすごく傷つけてしまったと思ったときには、逆に人の役に立たねばならないと思い込んだり、人を絶対に傷つけないとか、また、傷つけた人からひどい目に遭《あ》うことでバランスをとろうとします。

それが未完成の課題といわれるものですが、魂にいい悪いはないので、単にリンゴが半分残っているみたいなイメージです。

たとえ、そういう課題はあっても、**魂の目的は、楽しむこと、喜ぶことです。自分が楽しくて喜んでいれば、その波動は周りの人たちを幸せにします。**

前に魂の名前「ソウルネーム」の話をしましたが、それぞれの魂が響かせている音があります。

例えば「ソ」という音の魂の持ち主が、ちょっと自己否定して「ソ♭」の音で歌っていたら、本来の自分じゃないから楽しくありません。

「ソ」の魂は「ソ」の音で自分を表現したとき、一番エンジョイできて、ほかの人たちにもそれが伝染していくんです。

この人生で、どうぞ自分の本来の音を奏《かな》でてください。魂は楽しむために地球にやってきたということを、みんなどこかでちゃんと知っているのですから。


古代の叡智《ノウイング》では、「わからない」という言霊を使わないようにと言います。だって、わたしたちは天之御中主神《あめのみなかぬしのかみ》だし、天照大御神《あまてらすおおみかみ》様なのですから。

「わたし、知らない」とか、「わたし、わからない」と言うのは、責任をとらずに逃げているということ。

「わたしは知ってるはず」と信じて意識を向ければ、必要な情報は必ず入ってきます。

一瞬一瞬をひたすら味わい、楽しむなら、わたしたち自身の「叡智《ノウイング》」がパッチリ目を覚ますことでしょう。

セルフパワーアップ⑱

ユニバーサルマインド「わたしは絶対知っている」モードで生きる

昔、アーティチョーク（朝鮮アザミ）の話を誰かがしたとき、一緒にいた当時のわたしはその名前を知りませんでした。その日帰宅して「アーティチョークって何だろう、何だろう」という波動を出していたら、つけっぱなしのテレビから「今日はアーティチョークのお料理です」という言葉が流れてきました。

お料理番組を見ながら、ああ、こんな形をした食材なんだと、よくわかりました。

こんなふうに、不思議なシンクロニシティに満ちたこの宇宙は本当に面白い！

これも小さな奇跡です。

でもどうしてこんなことが起きるのでしょう。

アカシックレコードは、この宇宙は創造主のマインドに満ちていると伝えています。創造主のマインドは「ユニバーサルマインド」と呼ばれ、すべてをつなぐ意識エネルギーです。もちろん、わたしたちはこの宇宙に満ちる普遍意識の一部です。

ここで少し「わたしたちがどういう存在なのか」説明しますね。

わたしたちは、大きく分けて陰と陽の二つのエネルギーからできています。**古神道では陰陽のエネルギーを魂魄《こんぱく》といって、陽が「魂《こん》」、陰が「魄《はく》」で、魂《こん》は魂《たましい》のエネルギー、魄《はく》は肉体意識のエネルギーです。**

森羅万象《しんらばんしょう》、この宇宙はビッグバンからスタートしていますが、ビッグバンのエネルギーを体現しているのが天之御中主神《あめのみなかぬしのかみ》という神様です。

日本の神話を読むと宇宙の成り立ちがわかるのですが、天之御中主神の次に、二柱の神様がお生まれになりました。陽の魂のエネルギーを体現しているのが高御産巣日《たかみむすびの》神《かみ》で、陰の物質になり得る魄《はく》のエネルギーを体現しているのが神産巣日神《かみむすびのかみ》です。

目に見えない次元の魂のエネルギーと、物質になり得るエネルギーということで、陰と陽のエネルギーがビッグバンのあとに生まれました。

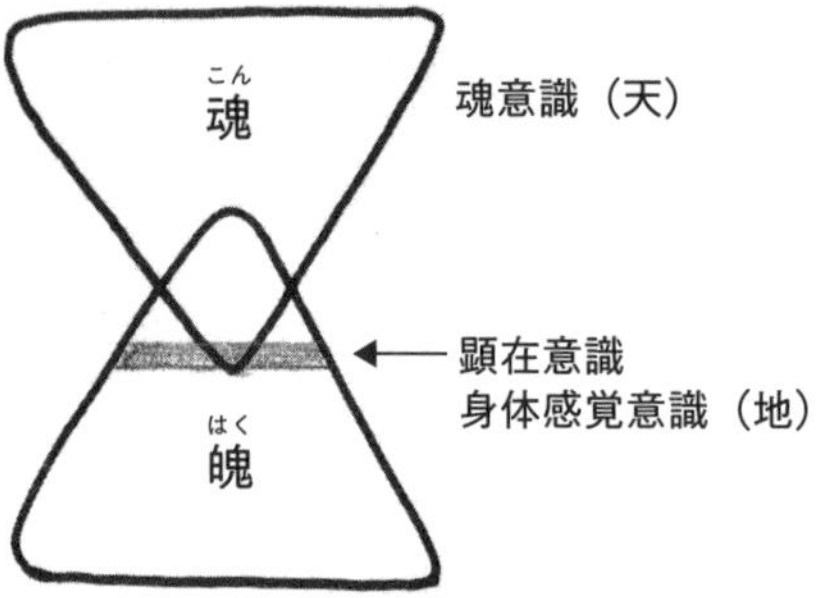

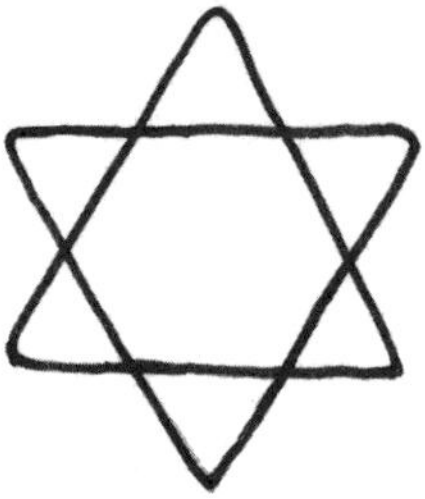

魂魄《こんぱく》合一の状態

魂のエネルギーは天之御中主神そのものの分《わ》け御魂《みたま》といわれていますが、**大もとの天之御中主神が魂と肉体の2つに分かれたわけで、物質もすべて天之御中主神から生まれたのです。日本人の意識の中にある、森羅万象すべて神性である、つまり八百万《やおよろず》の神という概念は、ここから生まれています。**

天之御中主神から、太陽系ができ、地球ができました。大もとの天之御中主神から分かれた物質系の陰のエネルギーがすべてのモノをつくり、地球という星ができて、そこに誕生した生命体がだんだん進化してわたしたちの身体になったということです。

2種類のエネルギーのうち魂のエネルギーは神道では直霊《なおひ》といいますが、魂は宇宙生まれともいえます。

宇宙とは「創造《クリエイション》」の世界と表現したりするのですが、クリエイションの中で直霊は、太陽系以外にもいろいろな場所で肉体を持ってさまざまな体験をしています。魂は、「地球というのはどんなところなんだろう」と思い、団体で体験旅行をしているわけです。

わたしたちの肉体、つまり**魄《はく》のほうは、地球生まれの物質のエネルギーが進化して人間の肉体になったのです。**

魄《はく》という身体感覚の意識とか知覚の意識とも言われるものは、物理的肉体をつくっている目に見えないエネルギーです。

宇宙のすべてである普遍的意識エネルギーと共鳴し始めると、シンクロニシティがたくさん起き始めます。宇宙のすべてがホログラム、相似象だといわれます。

わたしという人間は、この宇宙と相似形をしています。自分の左手がかゆくなったら、右手はちゃんと痒い所を掻《か》きますよね。情報の意識ネットワークでつながりあっているからです。

だから、わたしが発信した「アーティチョークとは何？」という波動に対して、宇宙の誰かは必ず答えなければなりません。

「わたしは絶対に知っているはず」という信頼があれば、答えをキャッチできます。

反対に「わたしが知らないのは当たり前」というのが自分の核の信念だとしたら、知らないという状況が生まれるわけです。

アカシックレコードリーディングをしていると、この仕組みを実感できます。

この人生で、金属の鋳造《ちゅうぞう》について経験も知識もなくても、宇宙に問いかければ、なぜか情報が降りてきます。

創造主のマインドにつながっている自分だから、「わたしは絶対に知っているはず」オペレーションシステムをインストールしましょう。

どうなるか、お楽しみ！

セルフパワーアップ⑲

気に入った音、元気になる音で感性を磨く

これからはサウンドのパワーが拡大していきます。

音を使った治療もさまざまな症状に有効であることが立証され、波動医療といわれる分野も飛躍的に進んでいます。

この宇宙のすべてが振動しています。

色も形も感情も思考も身体も魂もすべてがバイブレーション!

一番なじみのある音である自分の声のパワーを知り、意識して使いこなしていけば、セルフパワーは強烈にアップします。

悟っているか、意識がどれくらい拡大しているのかは、その人の声を聞けばわかると言います。いまは、声を分析すれば、どの音の領域が欠けているかがデータで明らかになるとか。チャクラと呼ばれるそれぞれのエネルギーセンターには対応する音が

あります。例えば、第三の目の第6チャクラはAの音というように。チャクラが詰まっていると、そこに対応する音が欠けてくるのでしょう。声を聞けば、その人のエネルギーバランスもわかるわけです。

ということは、ボイストレーニングなどで声を訓練すれば、自分の意識を変えていくことができるのではないでしょうか。小さい声でボショボショと話すのと、腹から出すのとでは、話し手の意識状態は違ってきます。

自分の声を、おおらかに腹から宇宙に向かって解き放ってみませんか？

大好きな歌を気持ちよく歌うのもばっちりです。ドラえもんのジャイアンみたいでなければ……（笑）。いや、適切な場所と時間を選ぶなら、ジャイアンでもＯＫ！

最近、わたしは歌いたくて、歌いたくてたまりません。私の十八番《おはこ》は中島みゆきの「この空を飛べたら」です。ちょっと古いかもしれませんが（笑）。

わたしの身体意識は人間に進化する前は鳥だったので、歌詞も気に入ってるんです！

実はわたしの声はみんなから賛美歌ボイスと言われています。ミッションスクールだったものですから、賛美歌はたくさん歌ってきました。賛美歌を歌うと過去世とつながるのか、けっこう自己陶酔します。別次元に意識が飛んでいきそうにもなります。


皆さんの中に、お経やマントラを聞くとゾクゾク、ワクワクする人いませんか？

そういう人はぜひ、マントラを声に出して唱えて、のどのチャクラにエネルギーチャージしましょう。般若心経や、不動明王のマントラはわたしもよく唱えます。


自分に足りない音は、身体が知っているのではないでしょうか。

自分がいま、どんな音を出したいのか感じてみるのです。

例えば、それが「ミ」だったとしたら、わたしは第3チャクラのセルフパワーがいまちょっと弱ってるなとか、そんなことがわかったらすごく面白い！


気に入った音、元気になる音に対して感性を磨きましょう。

過去世エネルギーが活性化して、「いま」がパワーアップすること間違いなしです。

そして、声にパワーが満ちあふれてきたら、言霊パワーを使って、さあサクサクと現実化へ！

セルフパワーアップ⑳ わたしという命を全力で守ってもらう方法

身体の声を聞くことは、健康になるパワフルな方法です。

臓器にも知性があります。神道ではすべての臓器に神様が宿り、依《よ》り代《しろ》である臓器は神聖で叡智にあふれています。

肉体は恒常性（ホメオスタシス）を備え、知性があるので、自己治癒力がとても高いのです。例えば、無性に青い葉っぱが食べたくなるとか、わたしのパートナーのように身体の調子が悪いと急にお酒が飲めなくなるとか、そんなふうに身体の声はものすごく明確に、バランスのとり方を教えてくれます。

『古事記』を読むと、日本の神様はとんでもなく不思議で、神々はいろいろなものから生まれていることがわかります。

伊《い》耶《ざ》那《な》美命《みのみこと》は火《ひ》之《の》迦《か》具土《ぐつち》神《のかみ》の出産がもとで死んでしまいます。妻を失った伊《い》耶《ざ》那《な》岐命《ぎのみこと》は怒り狂って剣をとり、火之加具土神を切り殺します。切った刀についた血から生まれたのが建御雷神《たけみかづち》。

弥都波能売神《みづはのめのかみ》は亡くなった伊耶那美命《いざなみのみこと》の尿から生まれ、吐しゃ物からは、金山毘《かなやまび》古神《このかみ》が生まれました。嘆き悲しむ伊耶那岐命の涙からは、泣沢女神《なきさわのめのかみ》が生まれています。

弥都波能売神《みづはのめのかみ》は腎臓に宿る神、金山毘古神《かなやまびこのかみ》は肝臓に宿るとされています。

「人体」というテレビ番組で、1つ1つの臓器が脳と同じぐらい情報を出していると言っていましたが、まさに1つ1つの臓器が神様の宿っている意識体だという神話を裏付けてくれます。

脳は記憶や思考をつかさどる場所ではあるけれど、興味深いのは、例えば右手を動かそうとしたときに、脳が右手を動かしなさいという情報を送る前に右手が動き始めるのです。まさに肉体の知性というか、肉体に意識がある証拠だと思います。

臓器には神様が宿っているから、例えば腎臓が悪くなったときに弥都波能売神にお参りすることも、ヒーリングにとても役立つのではないかと思います。

神が宿っているということは、自分の身体を神聖なお社《やしろ》として大事にできます。身体に悪いとわかっていても悪習慣がやめられなかったり、自分の身体をないがしろにしたとき、わたしたちは病気になるのです。

子宮はお宮、産道は神社の参道だと言われます。

自分の身体を神聖なものとして取り扱うなら、身体はあなたという命を全力で守ってくれます。なにしろ身体の知性は90日先までの未来を知っているのですから。

「最愛のペットをかわいがるように自分の肉体《ボディ》に接しなさい、最高に大好きな親友として自分自身に接しなさい」

これが古代の叡智《ノウィング》の大切なメッセージです。

自分が自分の親友だったら絶対やさしくするし、愛するペットに対しては、愛情たっぷりによしよしとなでたり、やさしくブラッシングしてあげるでしょう。

やさしく、ひたすらやさしく、自分にも周りにも接してください。

「やさしさ」がこれからのキーワードです。

セルフパワーアップ㉑ 大変化のとき、本音と建前のギャップに気づく

いま、1万3000年ぶりに意識が大きく変わろうとしています。

分離からユニティ（合一）、二元から一元の意識へ、全人類が体験する大きなシフトです。

これからの10年を見渡すなら、さらに変化、変化、変化が続いていくように見えます。元号が令和になったのも象徴的です。

令和の「和」はハーモニーを表しますが、調和が訪れるまで、いままで封印してきたものや見ないようにしてきた問題や感情が、表面化してくるでしょう。

そのために個人も、会社や国といった集合意識も、強制的に取り組まなければならない出来事に出合っていきます。意識の底にたまっていた滓《おり》が水面に上がってくるか

【1万3000年ごとに訪れる意識の大変化】

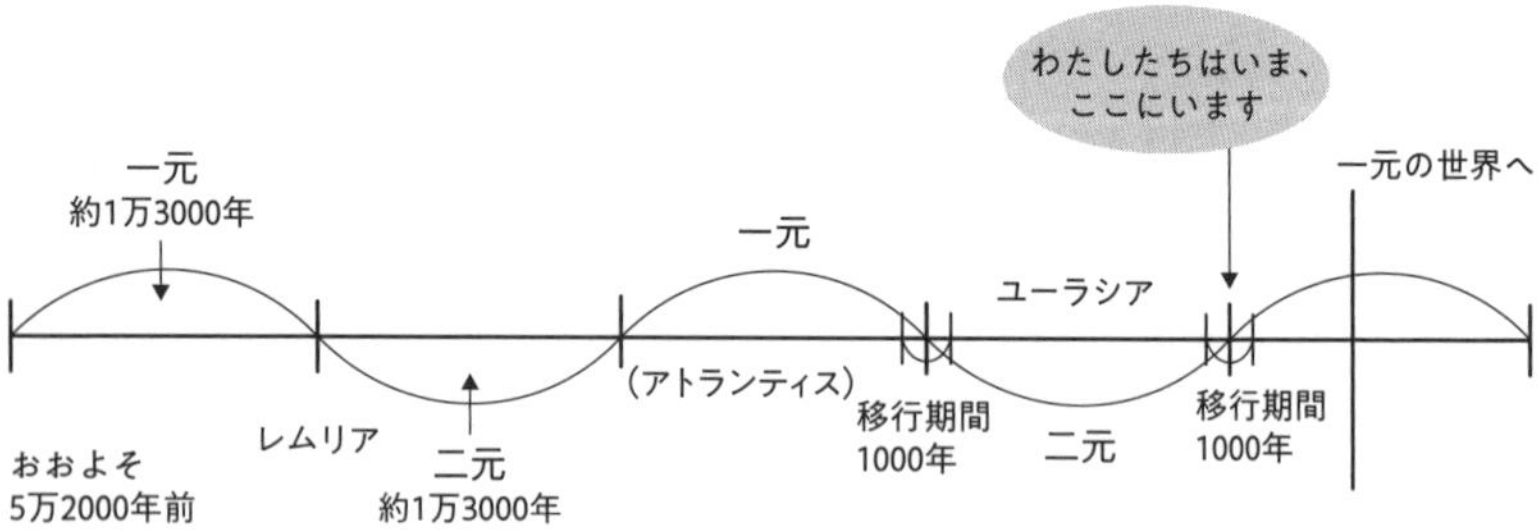

ら。

とらえ方によりますけれど、ある意味、すごく興味深くて面白い10年になると思います。

平成の時代、フェイスブックやツイッターといったソーシャルネットワークの発達、スマホの普及などにより、個のもつ発信力が爆発的に拡大しました。

内部告発は「秘密」を次々におひさまのもとにさらしていきます。ツイッターがきっかけとなった中東の民主化運動「アラブの春」も起きましたね。

集合意識の内面の変化に加え、テクノロジーの発達、気候変動、災害といった外部の要素も加わって、社会システムそのものがさらに大きく変わっていく時代に入りました。組織も、経営統合がいままでのトップダウンから、同心円的な組織へとどんどん変わり始めています。

皆さんもすでに実感されていると思うのですが、あらゆる場面で、無理や矛盾をそのままにしておくことはできず、無視や抑圧もだんだん効かなくなってきました。

「自分さえ我慢していれば周りがうまくいく」というようないままでのやり方はもう通用しません。これまでの価値観が揺さぶられ、土台から、生き方の大変換がさらに続いていくでしょう。コロナウイルス問題はまさにこれにあたります。

こんな世界を「面白い！」と思える人は、ますます人生が面白くなってきますし、何が起きるかわからないと不安な人は、ますます不安が強くなっていきます。

地球の大地は活動期に入りましたし、温暖化による台風の被害も大きくなっていきます。

ユニティ（合一、一元）への移行が、みんなが自分自身に立ち戻り、大もとの本質と一つになっていくプロセスならば、戻る前に要らないものがそぎ落とされ、整理されていくときなのです。

でも、世界はそうだとしても、わたしたち個人は、自分の意識しだいでそんな大変な体験を引き寄せる必要はありません。

二元から一元への変化なのですから、表の顔と裏の顔が一致していたら、これ以上ひっくり返ることはないわけです。ただ、表に向けている顔と、裏の内面の顔、つまり本音と建前が余りにも違っている人は、統合への道のりはしんどくなるでしょう。

日本は本音と建前で社会の和を保ってきたと言うけれど、**本音と建前のギャップが、いろいろな葛藤や混乱を招いているのです。**

これからは、さらに本音を生きる時代、表現していく時代になっていきます。

自分の真心や気持ちにそった生き方です。

セルフパワーアップ㉒ あなたが「本当に大切にしているもの」は何ですか？

平成以降に生まれてきた子供たちや若い人たちの中には、本音でしか生きられないニュータイプも多くなってきました。

「いい学校→いい会社＝幸せな人生」という方程式はだいぶ前に崩壊しています。

新しい時代の子供たちは、どうしたら自分という個性を輝かせられるのか……という生き方に自然にフォーカスしています。

いまはYouTubeなど、個人が自由に表現できる手段があるので、発信したい人はいくらでも発信することが可能になりました。

では、このようなときに一番に何をすればいいのでしょう。

一番大事なのは、**自分が「本当に大切にしているもの」は何かを知ること**、そしてその中の自分の優先順位を決めることです。あとは義務と義理はしっかり分ける！

自分の内側の世界への旅を本格的に始めてください。

本音と建前のギャップでずっと無理を続けていくと、ストレスは病気という形で肉体のほうに表れます。

だから、新しい時代に入り、ゲッとかウオッとか叫ぶような思いがけないことが起きたときには、「これはチャンス！」とぜひ思ってください。

現実世界は、鏡のように創造主である自分自身を映しているのなら、その「ゲッ」という体験を引き寄せている本当の自分が、きっといるのです。

その体験をとおして、いままでの自分より絶対に大きくなるし、意識がさらに透明になる。

皆さんはこの時代を「ご自分で選んで生まれてきたのですよ」と、わたしは声を大にして言いたいです！

この時代に生まれ、いまこの本を開いて読んでくださっている人たちは、きっと超好奇心の塊で、1万3000年ぶりの宇宙の一大イベントを絶対に逃してはなるものかと思って生まれてきたに違いありません。

大波がきているなら、その大波にどんどん乗っていこうぜという感じです。

いま、**意識が目覚めるように、目覚めるように、エネルギーが流れてきています。**

昔だったら、何十年も瞑想しなければ、ある種の深い意識状態に行けないのに、いまの時代は、あっちでポン、こっちでポンと、ポップコーンがはじけるように、「あ、わかった」という人がふえてきていると思うのです。

だから、面白がっていけばいい！　自分の内側にちゃんと向き合って、自分の身体を感じ、本当に自分が心地いいか悪いかを生きるコンパスにしながら。

セルフパワーアップ㉓

感じることがつらいから、感じるスイッチをオフにしてきた人へ

ここでもう一度言います。わたしたちは永遠不滅の魂意識《ソウル》が、生まれ変わりながら進化する身体感覚意識《スピリット》とペアになって、生き残りのすごい本能をもった肉体《ボディ》に宿っている存在です。

魂は「わたしの世界」の創造主です。

この3次元でまず情報は、感覚としてやってきます。だから、最初に身体が発信する「気持ちが悪い」や「イヤな感じ」「とっても心地がよい」「安らか」といったフィーリングをちゃんと意識して認めましょう。

自分がこんなふうに感じているなとわかったら、これってこういう意味かな、ああ、だからこんなふうに感じてるんだと考えを深め、だったらこうしようと実際の行動に

移していくんです。

シンプルメカニズムとしては、まずフィーリングが考えを刺激して、その考えが言葉と行動を生み出していきます。


でも、自分の心地よさを軸に行動したら、わがまま勝手の「自己中人間」になるのではと思っていませんか？　そんな心配は不要です。

いやおうなく、魂意識と肉体の意識、魂魄《こんぱく》は歩み寄っています。自分の真心に忠実に、本来の自分自身に目覚めるという意図があるなら、わたしたちみんな、大いなる意識の一部で、森羅万象の命のすべてがつながりあっていることを必ず体感します。

つまり、おのずから、自己中＝全体中になるんです。


あなたが自分自身になることを許可すれば、相手もその人自身になることを心から許可できるでしょう。

ただ、はじめは少しの痛みを伴うかもしれませんね。

これからますます「類友」現象は広がり、同じ波動、同じ価値を共有する人たちが集まり始めます。同じ価値をシェアしているなら、人間関係から生まれる葛藤は鎮まっていくでしょう。

ご相談に乗っていると、感じることがつらいから感じるスイッチをオフにしてきた方々にたくさんたくさん出会います。

これから大切なことは、**「自分がいま何を感じているのか」ということを、ちゃんと知る許可を「自分に与える」ことです。**

なぜなら、それがこれからの変容の時代の行動の大もとになるからです。

「自分自身をクリエイティブに現実に表現できること」にワクワクしている人たちにとっては、これからが佳境です。

鳴り続けている目覚まし時計の音は、ますます大きく響き渡っています。

大波はもうすでにきています。

新しい自分、本来の自分を発見しつつ、みんなでサーフィンを楽しみましょう!

第２章

いますべきことは、エネルギーチャージ！

セルフパワーアップ㉔ 自分自身も、相手も許すが勝ち！

個人セッションをして皆さんのお話を伺っていると、意外と「自分自身を許していない」ことに気がつきます。

たとえ、過去において自分が犠牲者だと思われる出来事であっても、そのことにとらわれて、「本来の自分自身を表現してこなかった自分」を許すことです。

そして、もう一つ大切なことは、「わたしたちは何一つ間違ったことをしてこなかった」ということを納得すること。

そのときは、自分にとってできるだけの反応を返したのですから。

罪悪感、恥、後悔、犠牲者意識、自己憐憫《れんびん》が、わたしたちを過去にとどめ、未来の不安をもたらします。

すべてが同時に存在しているという「魂、直霊」の視点から見れば、すでに起きているのですから、結局は、すべて選ぶべくして選んだ出来事ということになります。過去にとらわれているだけ、「いま」からエネルギーがどんどんもれて流れだし、創造に使うエネルギーがなくなっていきます。つまり、これは老《ふ》ける！

これだけですと、ピンとこない、納得できないと思われるかもしれません。

罪悪感を持つことで、わたしたちは自分を浄化しようとします。

また、前世療法をやっていると、今世の出来事は、「自分でバランスをとろうとした結果だった」ということがあるあるです。

たったいま、「れば」も「たら」もなく、起きることが起きてきたし、自分は何も間違っていなかったって、この一瞬だけ感じてみませんか？

肩から重いものがふっとなくなる感じがするはずです。

傷ついたとき、相手を許すと自分が負ける気がして許せないことってありますよね。

でも、「最高のリベンジは、自分が幸せになること」って言った人がいますが、その通り！　自分自身も、相手も許すが勝ち！

セルフパワーアップ㉕
わけがわからなくなったら、気持ちがよいか、悪いか感じてみよう

ふと昔のノートが出てきました。20年くらい前のものでしょうか。それってまだ20歳のころ？（爆笑）こんなことが書いてあります。

何をしていいか、わけがわからなくなったら、気持ちがよいか、悪いか感じてみよう！

深呼吸して、心地がいいかどうかを感じて、居心地がよいほうを選ぼうということかな。

そしてもう一つ、

大きな奇跡を期待しないで、すべての中に小さな奇跡を見つけてみよう。


これ、ひょっとして誰かの受け売りだったり？

でも、なかなか良いこと言ってるじゃない！

セルフパワーアップ㉖ 「べきべき探し」をしてみましょう

古代の叡智《ノウイング》は、「自分が正しくなければならないという思いが、すべての葛藤のもとにある」と伝えています。

ゲリーは、"Need to be right" と言います。

正しさを手放せではなく、そのニード、つまり「ねばならないという必要性はいらない」ということ。


ツイッターで、白川静博士のこんな言葉を発見しました。

「【正】は征服を意味する。征服者の行為は【正】とされ、その収奪するところは【征（税）】とよばれた。

【征】はもと徴税を意味する字である。そのような支配・収奪には、当然抵抗を伴うことがあった。それでこれに【攴】すなわち毆撃を加えて、服従を強制した。」

正しいという言葉の語源は、漢字では征服を意味していたんですね！　勝者の論理。自分と価値が違う人を征服しようとするのが自分が正しいという「べき」。

ソメイヨシノは一本の木が大もとで日本中のソメイヨシノは、遺伝子がまったく同じクローンなのだそうです。すると、お互いに喧嘩《けんか》もしないけど、同じ病気や虫に弱く、衰退するときは一気にダメになるそうです。

多様性が大切だと言われるのはそこです。

人間も多様性を受け入れる柔らかさが大切です。

まず、**自分の中の「べきべき探し」をしてみましょう。**

この「べき」は、ほかの人だけではなく、最も活躍するのは自分自身に対してです。本当は夜は10時以降に食べるべきじゃないのに食べちゃった！　ばかばか、わたし！　みたいな。

例がリアルですが（笑）、この**セルフジャッジが最もエネルギーを奪います。**

べきべき論は、さらに深いのですが、とりあえず、「正しさ」とは「征服する」が語源だったということをお伝えしたかったのでした。

心がべきべきしてると、身体もべきべきになるんですよ！

花はべきべきせず、ただ咲いているだけです。

しなやかに風と踊っています。

セルフパワーアップ㉗　べき玉を消そう

「べきべきがたくさんありすぎるのだけれど、どうすれば取れますか？」というご質問をいただきました。お答えはすごくシンプルになりますが、ヒントになれば！

まず、一番大切なのは、**そのことに気がつくこと。**
あー、わたしにはこんな「べき」があるんだ〜って。
かのフロイトが言うように、意識化されたものは、自然に解放されていきます。
気づいたら、やめればいい。
超シンプルです。

「べき」に気がついたら、お饅頭《まんじゆう》を手のひらにのせて見るように、ただ眺めてみましょう。面白いのですが、「べき玉」は、身体の中を水のように自由に流れるエネルギーが凍りついて、たまっころになったようなものなんです。
だから、手にのせて眺めると溶けていくのですが、手っ取りばやく、空のかなたへ魔法の言葉とともに投げちゃうのもおすすめの方法です。

眺めながら、「このべき玉め！」なんてビシバシやってしまうと、ますます氷が固くなって手にくっついてくるので要注意。

自分なりの魔法の言葉を考えてみましょう。

そして、身体の外へ解放です。

「ちちんぷいぷい、わたしの身体の外へ飛んでけ〜！」とか言いながら、それこそ動作もつけて、ビューンと投げてください。言霊ワークは効きます。

師匠のゲリーは、

「これはもうわたしの一部ではない。わたしはこれを解き放ち自由にする」

と一日何十回も唱えたといいます。

以上が瞬間的解決法。

そのうち、脳の回路に変化が起きます。


べきが生まれるのは、生き残るため。魂と身体がうまくつながっていない状態です。なので、心身を一つにするご自分にあった方法をなんでもいいから実践してみましょう。

呼吸法は無料で簡単なので、もっともおすすめです。

腹式呼吸を意識的にするだけで、イライラやストレス、その原因となっている「正しくあるべき」必要性も解けていきます。呼吸はべき玉消しの王者です。

あとは、自分にあった呼吸法や瞑想、禅、ヨガ、マインドフルネスなど、心と身体を整えるとされるものはなんでもＯＫ。ランニングでゾーンに入るとか言いますけれど、単純な身体の運動も瞑想と同じ効果があります。

とりあえず、なんでもいいから行動に移しましょう。

べき玉消しゲーム、意外に面白いですよ！

セルフパワーアップ㉘

甘いものが無性に食べたくなったとき、ゲリーが教えてくれたすごい方法

ヒーリングとは、身体と心にバランスをとりもどすこと。健《すこ》やかさのエネルギーが、自分のフィールドを自由に流れ満たしていること。

そのためには、やはり、正しい食生活、十分な睡眠、適切な運動は健康の三大要素です。そして、楽しく仲間や家族と笑うこと。

ゲリーは、わたしたちの肉体は、1日3食食べるようにはデザインされていないと言います。確かに、大昔は食物を求めて旅をしながら、実がなる木があれば、その実だけを食べ、動物をしとめることができればその動物の肉だけを食べ、また何も食べない日が続いたりしたわけです。

胃はつまり、何種類もの食べ物を一度に消化吸収するようにはデザインされていないと。だから食べ合わせの知識が大切ということです。

例えば、たんぱく質と水分の多い果物は一緒に食べると胃に負担がかかります。合わない食べ物を食べるときは30分、間をあけることなのですが、忙しい現代ではなかなか難しいですね。

また、添加物や遺伝子組み換えなど、安全でない食品も食卓にあふれています。

結局、文明が病《やまい》をつくっているのです。

消化酵素は、35歳をすぎるとだんだん分泌量が減ってくるので、ともかく消化酵素を補うといいとゲリーは強調しています。

わたしも一応35歳はすぎているので、消化酵素をとっております。

パパイヤ酵素はおすすめです。

脱線してしまいましたが、タイトルのお話です。

わたしたちはストレスでできた心の穴を、食べ物で埋めようとすることも多いです。

特にあっというまにエネルギーをブーストする甘いもの！

わたしも翻訳や執筆につかれると、ついあんこが食べたくなります。

アイスまんじゅうというアイスは悪魔です(笑)。体重計にのらないと、いつのまにかリバウンドしています。

やせるのは大変なのに、なんでもどるのはあんなに簡単なのでしょう。謎です。

それはともかく、「甘いものが食べたくなってしまったときにはどうしましょう」

という質問へのゲリーの答えに目からうろこが落ちました。

「髪をとかしなさい」と言ったのです。

「ゆっくりゆっくり、時間をかけて、髪をとかすといいよ」と。

頭にはたくさんのツボがあります。

ゆっくりと心をこめて髪をとかしているうちに、脳内で愛情ホルモンが分泌され、甘いものを食べたのと同じ効果が得られるのです。


確かに、ヘアサロンで洗髪してもらっているときって、脳波がゆったり、リラックスしますよね。甘いものを食べる代わりに身体にふれることです。

右手にヘアブラシ、唇に歌を！

後出しますが、スキンシップもハグも同じ効果があるはずです（259ページ参照）。

ちなみに、20秒ハグは、脳内に愛情ホルモンがでる特効薬です。

ぜひ、20秒ハグもお試しください！

セルフパワーアップ㉙ 受けとるほうに選択肢があるということ

自由とはなんでしょう?

それは選びとる力のこと。

出来事や状況に対してどう反応するのかを、受け身ではなく能動的に選ぶ力が自由です。

77ページでも述べたとおり、わたしたち人間は、永遠不変の魂/ソウルが、地球の叡智を宿す身体感覚である魄《はく》/スピリットとコラボしているとてつもない存在!

だから、これが腑に落ちるなら、もう犠牲者ポジションに陥《おちい》ることはできません。

「こんなこと言われてしまった!」と傷つくのではなく、こちらが「言わせてあげてるんだ」という態度でいきましょう。

わたしたちは、**自分が許可する分だけ、傷つくことが可能です。**

人間関係、受けとる側に選択肢があるということです。

キャッチボールで、投げられたボールを受けとらなければ、ボールは地面にころがるだけです。相手の言葉に傷つくなら、その言葉をどこかで信じているのはあなた自身ということです。

だから、相手にどう反応するかはわたしたちの選択。

反射的に反応するのではなく、選択する自由を楽しみましょう。

わたしたちの人生という塗り絵に、どんな色を塗るのかは、自分しだい。

なにしろ自分の世界の創造主は自分だから。

自主独立というと、わかりにくいですが、結局、自然体で生きるということです。

純真無垢《じゅんしんむく》な幼子《おさなご》のように。わたしたち全員が通りすぎてきたあの状態。

もう忘れている? いえ、実は、**わたしたちは、生まれてからのすべての記憶をもっているんです。**

今晩眠りに落ちる直前の、起きているか寝ているかわからなくなったときに、「夢中でどろだんごをつくっていたあのとき」や、「地面で働く蟻をじぃーっと見つめていたそのとき」につながってみましょう！

「た・い・か・ん」こそ鍵です！（薬師丸ひろ子ふう。わかる人にはわかる、笑）

セルフパワーアップ㉚　目を合わせて挨拶する

わたしはあなたを見ています。

ナタール族の挨拶に感動しました。

I See You.

これは映画の『アバター』で使われているセリフですが、英語では、Seeという言葉は、単に見るという以上に、「理解する、わかっている」という深い意味があります。

挨拶を返す言葉は、

わたしはここにいます。

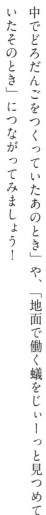

言葉のみの、ハウアーユー？　ではない。「見ています」というからには、相手の目を見る必要があります。

確かに、わたしの意識が自分の世界をつくっているなら、わたしが相手を認識したときに、その人はわたしの世界に存在する。そして、相手とつながったときに、相手の世界にも自分が存在する。

量子力学の世界観によれば、認識した途端にいままで波だったエネルギーが、粒子として固定される……といった感じでしょうか。

神道の行に御鏡《みかがみ》御拝《ぎょはい》というものがあります。

簡単にいうと、自分自身を拝むということです。

わたしが行うときは、鏡に自分の顔を映して、目の奥の分《わ》け御魂《みたま》とつながるのです。

I see Me!　ですね。

人とお話しするときは、**相手の目の奥の存在とつながりたい**と思います。

ひとつ、これからナダール族系の挨拶をしてみようかしら。

わたしはあなたを見ています！

セルフパワーアップ㉛　宇宙のたった一つの法則

家の庭でグアバがたくさん実をつけていて、熟《う》れた実がぽとぽと落ちてきます。落ちた実のおいしいこと。

やはり、焦らず、自然の流れにまかせ、時が満ちるのを待ては、最高においしい！　人も一緒！　無理は禁物です。

さて、表題の宇宙でたった一つの法則は「類友」です。

似た者同士、同じような波動のものが引き寄せられてくる。

街を歩いている2人組以上のグループを観察すると、ほとんどが仲間同士、ユニフォームのように同じようなスタイルをしています。面白いぐらいに。

でも内的なワークをして、自分自身が変化してくると、いままでの人間関係の様相が変わってきます。

古い波動（ハーモニクス）で集まっていたグループが解体して、変化後の新しい波動の人たちと出会い始めます。

いまの自分のハーモニクスは、近しい友人関係を見るとわかります。

なので、いままで親しかった人が離れていっても、ああそうなんだ！　変化のときなんだと自己観察してみてくださいね。

なんでこの話をしたかというと、新しいご縁ができたからです。

この間法事があって、その後、あるお坊さんとお食事をしました。

はじめは、普通の会話だったのですが、パートナーの手がつったあたりから、態度があやしくなってきました。

「痛みをとってあげよう」ということで、ヒーリングを始めたお坊さんの正体は、10代後半の臨死体験から、予知能力やヒーリング力が全開した超能力坊主でした。

びっくりですね！　話を聞くと、大きな事件や地震の前は、自分が関わっていることについては（例えば日本国内）必ずわかるそうです。

一時はそれをしかるべきところに連絡しようと思ったけれど、どうせ信用されないしという思いで葛藤していらっしゃいました。

これから新たに出会う人も、事前に顔が出てくるそうです。

やはり、似たようなハーモニクスのお坊さんとご縁ができたようです。

意外に身近にたくさん仲間がいるのかもしれません。

その方を見ると、なんだか背後に、大きなサポートする存在のエネルギーを感じたので、「どなたか、後ろから応援していらっしゃるのでしょうか？」と聞きました。

すると「おかのさんです」と言うのです。

「は？　岡野さん!?　どなたですか、その方？」と疑問符だらけで問いかけると……結論は、「お観音さん」でした！　このオチが言いたくて、長々と書いたしだい（笑）。

昔、わたしもチャネリングをしていて、一生懸命その存在が「わたしは、王だ！」と繰り返しているのに、サポートしてくれた聞き役の方が、「は？　オーダさんですね。オーダさん！」とちっともわかってくれなくて、大笑いしたことを思い出しました（笑）。

ともかく、似た者同士は引き寄せあう！

これからの激変の時代は、本当に同じ価値観を分かちあう似た者同士、一緒にいることがとても大切です。葛藤なく、楽しくお互いが拡大していける仲間をどんどん引き寄せていこうと思います。

セルフパワーアップ㉜　自分にとって「最適なことが起こる」と知る

神様カードリーディングをとおして和の叡智を学ぶ「和の叡智実践者養成講座」の第四期がおわりました。

和の叡智で一緒に講師をしている、大塚和彦さんは、「『大祓詞《おおはらえのことば》』を唱えると、その人にとっての『最適化』が起きる」と言っています。

大塚さんのお知り合いで、息子さんが志望の大学に合格できますようにと願ってずっと「大祓詞」を唱えていた方がいるそうです。ところが、その息子さんは大学に落ちてしまいました。

がっかりしたのは言うまでもありませんが、なんとそのお子さんの喘息《ぜんそく》が治っていたということです。

ひょっとしたら、その大学に入ってほしかったのはお父さんであって、息子さんご本人は、別の勉強をしたかったのかもしれません。

そのときには、どういうことが起きているのかわからなくても、あとになって「ああそういうことだったのか」と思うことがいろいろあります。

わたしの尊敬する人の一人に、生前はお会いすることはできなかったのですけれど、小林正観《せいかん》さんという方がいます。

話は少し脱線するのですが、正観さんが倉敷の圓通寺の仁保和尚さんのことを書かれていました。

あるお父さんが「息子が不登校で困っている」という相談をしたら、和尚さんが、「わたしは不登校を解決する力はないけれど、禅を組んで一緒に考えることはできますよ」とおっしゃったそうです。

それでその父親は毎日、息子さんとお寺に通ったといいます。

半年たったころ、お父さんがこう言ったそうです。

「毎日お寺に時間をかけて通っているうちに、車の中で息子とたくさん話ができて、息子は元気に学校に通うようになりました」と。


真剣に子供と寄り添ったお父さんの気持ちか、和尚さんはそれもわかって座禅をすすめたのか、何が解決の原因かはさておき、人が真摯《しんし》に、全身全霊をかければ、その人にとっての最適化が起きるのだと思います。

わたしたちの中にある、内なる神、分《わ》け御魂《みたま》、魂の意識は、自分にとって何が最適なのかを絶対に知っているからです。


「大祓詞」は、無心にただ唱えよと言われます。

何かをかなえるために、唱えるのではないと。

自分自身の太陽を岩戸に隠している雲を吹き払ってくれるのが、文字通り「大祓詞」です。
時代をこえて伝えられてきたエネルギーだと思います。

大祓詞《おほはらへのことば》

高天原《たかまのはら》に神留《かむづま》り坐《ま》す　皇親神漏岐《すめらがむつかむろぎ》　神漏美《かむろみ》の命《みこと》以ちて　八百萬神等《やほよろづのかみたち》を神集《かむつど》へに集《つど》へ賜《たま》ひ　神議《かむはか》りに議《はか》り賜《たま》ひて　我《あ》が皇御孫命《すめみまのみこと》は　豊葦原水穂國《とよあしはらのみづほのくに》を　安國《やすくに》と平《たひら》けく知《し》ろし食《め》せと　事依《ことよ》さし奉《まつ》りき　此《か》く依《よ》さし奉《まつ》りし國中《くぬち》に　荒振《あらぶ》る神《かみ》等《たち》をば　神問《かむと》はしに問《と》はし賜《たま》ひ　神掃《かむはら》ひに掃《はら》ひ賜《たま》ひて　語問《こと と》ひし磐根《いはね》　樹根立《きねたち》草《くさ》の片葉《かきは》をも語止《ことや》めて　天《あめ》の磐座放《いはくらはな》ち　天《あめ》の八重雲《やへぐも》を　伊頭《いづ》の千別《ちわ》きに千別《ちわ》きて天降《あまくだ》し依《よ》さし奉《まつ》りき　此《か》く依《よ》さし奉《まつ》りし四方《よも》の國中《くになか》と　大倭日高見國《おほやまとひだかみのくに》を安國《やすくに》と定《さだ》め奉《まつ》りて　下《した》つ磐根《いはね》に宮柱《みやばしら》太敷《ふとし》き立《た》て　高天原《たかまのはら》に千木高知《ちぎたかし》りて　皇御孫命《すめみまのみこと》の瑞《みづ》の御殿《みあらか》仕《つか》へ奉《まつ》りて　天《あめ》の御蔭《みかげ》　日《ひ》の御蔭《みかげ》と隠《かく》り坐《ま》して　安國《やすくに》と平《たひら》けく知《し》ろし食《め》

さむ國中《くぬち》に成《な》り出《い》でむ天《あめ》の益人等《ますひとら》が　過《あやま》ち犯《をか》しけむ種種《くさぐさ》の罪事《つみごと》は　天《あま》つ罪《つみ》　國《くに》つ罪《つみ》　許許太久《ここだく》の罪《つみ》出《い》でむ　此《か》く出《い》でば　天《あま》つ宮事《みやごと》以《も》ちて　天《あま》つ金木《かなぎ》を本打《もとう》ち切《き》り末打《すえう》ち断《た》ちて　千座《ちくら》の置座《おきくら》に置《お》き足《た》らはして　天《あま》つ菅麻《すがそ》を本刈《もとか》り断《た》ち　末刈《すえか》り切《き》りて　八針《やはり》に取《と》り辟《さ》きて　天《あま》つ祝詞《のりと》の太祝詞事《ふとのりとごと》を宣《の》れ

此《か》く宣《の》らば　天《あま》つ神《かみ》は天《あめ》の磐門《いはと》を押《お》し披《ひら》きて　天《あめ》の八重雲《やへぐも》を伊頭《いづ》の千別《ちわ》きに千別《ちわ》きて　聞《き》こし食《め》さむ　國《くに》つ神《かみ》は高山《たかやま》の末《すゑ》　短山《ひきやま》の末《すゑ》に上《のぼ》り坐《ま》して　高山《たかやま》の伊褒理《いぼり》短山《ひきやま》の伊褒理《いぼり》を掻《か》き別《わ》けて聞《き》こし食《め》さむ　此《か》く聞《き》こし食《め》してば　罪《つみ》と云《い》ふ罪《つみ》は在《あ》らじと　科戸《しなど》の風《かぜ》の天《あめ》の八重雲《やへぐも》を吹《ふ》き放《はな》つ事《こと》の如《ごと》く　朝《あした》の御霧《みぎり》　夕《ゆふべ》の御霧《みぎり》を　朝《あさ》風《かぜ》　夕風《ゆふかぜ》の吹《ふ》き拂《はら》ふ事《こと》の如《ごと》く　大津邊《おほつべ》に居《を》る大船《おほふね》を　舳解《へと》き放《はな》ち　艫解《ともと》き放《はな》ちて大海原《おほうなばら》に押《お》し放《はな》つ事《こと》の如《ごと》く　彼方《をちかた》の繁木《しげき》が本《もと》を　焼鎌《やきがま》の敏鎌《とがま》以《も》ちて　打《う》ち掃《はら》ふ事《こと》の如《ごと》く　遺《のこ》る罪《つみ》は在《あ》らじと　祓《はら》へ給《たま》ひ清《きよ》め給《たま》ふ事《こと》を　高山《たかやま》の末《すゑ》　短山《ひきやま》の末《すゑ》より佐久那太理《さくなだり》に落《お》ち多岐《たぎ》つ　速川《はやかは》の瀬《せ》に坐《ま》す瀬織津比賣《せをりつひめ》と云《い》ふ神《かみ》　大海原《おほうなばら》に持《も》ち出《い》でなむ

此《か》く持《も》ち出《い》で往《い》なば　荒潮《あらしほ》の潮《しほ》の八百道《やほぢ》の八潮道《やしほぢ》の潮《しお》の八百會《やほあひ》に坐《ま》す速開都比賣《はやあきつひめ》と云《い》ふ神《かみ》　持《も》ち加加呑《かかの》みてむ　此《か》く加加呑《かかの》みてば　氣吹戸《いぶきど》に坐《ま》す氣吹戸主《いぶきどぬし》と云《い》ふ

神《かみ》 根國《ねのくに》 底國《そこのくに》に氣吹《いぶ》き放《はな》ちてむ 此《か》く氣吹《いぶ》き放《はな》ちてば 根國《ねのくに》 底國《そこのくに》に坐《ま》す速《はや》佐須良比賣《さすらひめ》と云《い》ふ神《かみ》 持《も》ち佐須良《さすら》ひ失《うしな》ひてむ 此《か》く佐須良《さすら》ひ失《うしな》ひてば 罪《つみ》と云《い》ふ罪《つみ》は在《あ》らじと 祓《はら》へ給《たま》ひ清《きよ》め給《たま》ふ事《こと》を 天《あま》つ神《かみ》 國《くに》つ神《かみ》 八百萬《やほよろづ》神等《のかみたち》共《とも》に 聞《き》こし食《め》せと白《まを》す

神拝詞（神社本庁蔵版より）

セルフパワーアップ㉝ エネルギーの流れが確実に変わる方法

過去において、誰しもいろいろなシナリオを体験してきているわけです。その中で、「信じていた人に裏切られた」「思ったように人生がいかず落胆した」「成功したが故に、嫉妬をうけ中傷された」などは、典型的な人生パターンですね。なんせ地球に「感情」を体験しにきているのですから。

そんな「過去」を背負ったわたしたちは、幼いころのささいな出来事で、「不信」の虜《とりこ》になってしまいます。


例えば、お父さんが、週末に遊園地につれていってくれると約束をしてくれた。もう日曜日が待ち遠しくてたまらない。ところが、会社での緊急な問題が起きて、お父さんはどうしても日曜出勤を余儀なくされてしまいます。

楽しみが大きかっただけに、幼いあなたは、「裏切られた」と思うわけです。

まだあまり論理脳が発達しきれてない幼い頭脳が受けたショックは深く、その思いが引き金となって、トラウマ過去世のエネルギーの扉が開きます。その転生では信頼していた領主が、ライバルの嘘を信じてあなたを処刑した悲劇的な人生だった……。

今世で一度大きな落胆や裏切られた感情を体験すると、そこにはイエローフラッグがつくのです。

またあんな思いはしたくない……だから、信頼してはいけないといった具合です。

だから、「信じるって難しい」ってあきらめてしまったらおしまいです。

たとえ過去世の扉が開いて、「信じることイコール死」という方程式が出来上がっているとしても、今世の恐れの感情エネルギーは今世のもの！　過去世にアクセスしなくても、今世の信頼することへの恐れに気づき、**信頼することをともかく決める！**

これで、エネルギーの流れが確実に変わります。

セルフパワーアップ㉞　色のエネルギーを意識して使ってみませんか

わたしたち人間は、魂のエネルギーと肉体のエネルギーが協力しあっている存在。魂が肉体に宿るとき、14万4000個の魂細胞が、胸腺からはいって均等にエネルギーネットワークをつくります。その魂細胞が位置するところがエネルギーの出入り口、チャクラやツボと呼ばれている場所です。

もっとも主要なエネルギーセンターは7つ、体軸の中心線にそって第1チャクラから第7チャクラと呼ばれているのですが、それぞれのチャクラには、個々の波動に対応する色があります（27ページ参照）。色も音も波そのものですから。

そして、7つのエネルギーセンターのうちでも大地に一番近い会陰《えいん》にある第1チャクラの色は赤！　もっともこの物理次元に近い色なんです。

第1チャクラは、「赤ちゃん」が生まれたときに一番に活性化し、生きぬく力そのものに関係しています。地球の波動、肉体の波動に近いが故に、物理的にパワフル。還暦のお祝いに赤いものを身に着けるのも、生まれてから一巡して赤ちゃんにもどるといった意味あいがあるんです。

もう一度活力を取り戻そうという無意識の意図が働いて、年配になると赤色を選びがちになるという現象が起きているのではないでしょうか。

余談ですが、スペインでは赤い車の保険料か、違反したときの罰金かどちらかがほかの色の車より高いと聞いたことがあります。

赤い車を選ぶ人の心理的傾向を踏まえたものなのか、あるいは、闘牛の国だからなのかは定かではありません。


わたしたちの感覚や意識に直結している色のエネルギーを、意識して使ってみませ

んか。いまや色彩心理学という分野も発達して情報はたくさんあると思います。

部屋のインテリアもそうですけれど、身に着ける服も、色彩パワーを利用するんです。元気のないときは赤、落ち着きたいときは青や緑というように。

チャクラの対応色は、肉体エネルギーは赤、オレンジ、黄色の暖色、魂エネルギーは青、濃紺、紫の寒色で、肉体と魂をつなぐハートのチャクラは、肉体と魂の2種類の色、ピンクと緑が対応しています。

実際の色を身に着けたり、目にするだけではなく、**色のイメージを呼吸するという方法も絶大な効果ありです。**

なんだか自信がなくて、不安なときは、みぞおち、セルフパワーの第3チャクラから太陽のような黄色を吸い込んでみたり、心と身体がバラバラになってしまっているようなときは、グリーンやピンクの色を胸の中心で直接呼吸したり、混乱してわけがわからないときは目を閉じて、おでこの第三の目から濃紺のエネルギーを吸い込んでみるといったようにです。

こんなふうに、きちんと意図して色のエネルギーを使っていくと自然と生活や身体のバランスがとれていくでしょう。

色はエネルギーそのもの、パワーそのもので、わたしたち人間の根本の在《あ》りように強く影響します。

第3章

集合意識が大きく変わるとき

令和の時代

２０１９年４月１日、新元号が「令和」と発表されました。意外な漢字に最初は目が点でしたが、だんだんなんだか納得するというか、良い響きだと思えるようになりました。

「和」はともかく「令」にはびっくりです。

元号には初めて使われた文字だそうで、出典は『万葉集』の梅花の歌に使われた「令月《れいげつ》」からとのこと。令月とはめでたい月という意味と説明されました。

頭上の冠の象形の下にひざまずく人の象形が描かれた字で、古くは、**人がひざまずいて「神意」をきく**という意味になるそうです。

「神意にしたがった人たちが和する」という元号と解釈すれば、これからの時代にピッタリ。古来、和の叡智では、わたしたちは神様の分け御魂《わけみたま》。**神意というのは、自分**

自身の「真心（まごころ）」であり「誠心誠意の嘘偽りのない心」だと思います。

これからは、一人ひとりが真心を表現しながら、コラボしていく時代だと思います。言霊《ことだま》は、音のバイブレーションの組み合わせなので、一音多義と伝えられていますから、「れい」という発音は、個人的にはすぐ「霊」や「礼」「麗」「零」などが浮かんできます。霊はスピリットそのもの。

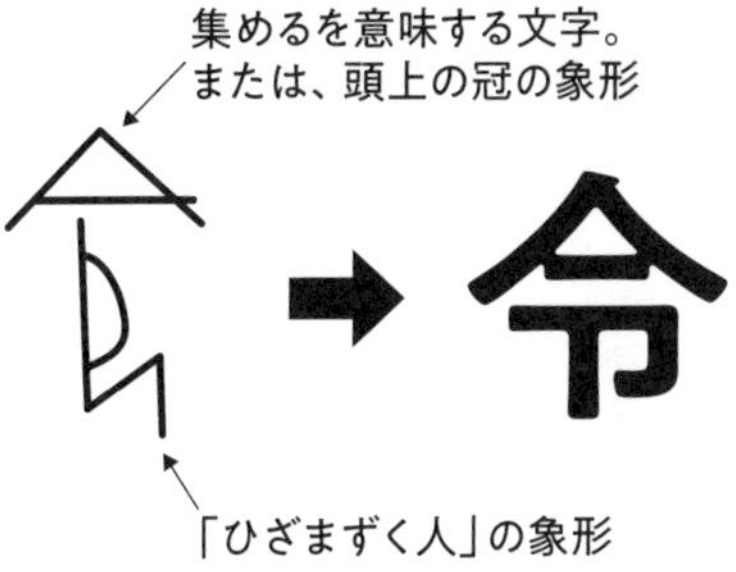

大好きな語源をしらべてみると…

零は、あちらでもなくこちらでもない「ゼロ」のポイントとか……。

また英語では、Ｒｅｙ！　これは光線の意味で、神智学では、魂は7つの光線の一つにのって、地上に降りたつと言われています。

「令和」発表の午後には春雷も響き、なんだか新しい時代の幕あけのファンファーレのようでした。

5歳の孫は菅義偉《すがよしひで》官房長官のテレビを見ながら、

「なんで大人たちはそんなにうれしそうなの？」と聞いていました。

うれしそうにしていたわけではないのですが、エキサイティングな瞬間だったからでしょうか。きっと彼女の記憶には、今日のテレビが焼き付いたことでしょう。

首相が会見したように、若者たちそれぞれがユニークな花を咲かせることができる、豊かな文化が育《はぐく》まれる平和な時代が本当にきますように。

平成の土星回帰

平成の大晦日《おおみそか》、今上天皇陛下が天皇としての最後のお言葉をくださいました。退位礼正殿の儀。30年間、天皇陛下、皇后陛下、ありがとうございました。

土星の周期は約30年です。

西洋占星術では、土星が生まれたときの位置に再び戻ってくるタイミングを土星回帰といいます。土星回帰は、本来の自分自身の本質に戻り、ひとつ次のステップにすすむための「チャレンジのとき」ともいわれています。

人は30歳から本当の自分自身を生き始める。

平成30年。ちょうど今が平成の土星回帰にあたるときに、令和という次の時代へはいるわけです。

わたしたち一人ひとりも、この集合意識的な土星回帰に、さらに自分の真心にそった言葉と行動が求められます。

天皇陛下のお言葉のように、令和の時代が平和で実りの多い時代となりますように。

移行のとき——「あなたがどう思うか」への変化

令和という新元号が発表されて、実際にスタートするまでの4月の1カ月は移行の期間。そして同様に現在は人類の意識が1万3０００年ぶりに二元から一元へ移行しつつある中間の期間です。

一つのサイクルが終わろうとしています。

この移行は、言ってみたらOS——オペレーションシステムの変換期です。

つまり「他者承認システム」から「自己承認システム」への強制的変換の最中なのです。

「人からどう思われるか」ではなく「あなたがどう思うか」への軸の変化。

さっさとニューシステムをインストールしなくっちゃ。

そしてわたしたちも不要なセルフイメージの元号改正をして、軽やかに、新しい一歩を踏み出したいと思います。

生命の始まりのエネルギーを感じる節分

節分は立春の前の日の切り替わりの日です。

4つの季節の始まりの前の日。

やはり、これから春が来るという生命の始まりのエネルギーを感じます。

季節の変わり目は邪気が入り込む、その邪気を豆まきで祓うということですが、体調も確かに影響を受けます。

毎年冬はインフルエンザが流行《はや》りますが、風邪は「風の邪気が入る」ということ。熱が出るのは、その邪気を「火のエネルギーで浄化する」という意味なので、中医学では、風邪をひくのは自然がもたらした身体の浄化イベントだそうです。

残念ながら、病気を自分自身のバランスをとるための、浄化のプロセスととらえている文化はほとんどありません。

わたしたちの身体は、究極自分からバランスをとる自己治癒力に恵まれています。

だから、たくさん気を流してあげればOK！

風邪には、湿気を保つことと、マヌカハニーとレモン汁を熱いお湯で溶かすホットレモネードが良いとゲリー。とってもおいしいのでおすすめです。

起きることはすべて情報!!　病気でもなんでも、自分を知り、バランスをとるために役立ちます。

自身の中の邪気（鬼）祓い、つまり「自分が自分になることを邪魔している邪と魔」を、節分のリセットエネルギーで祓ひましょう。

邪魔って本当によくできた単語です。


母が買ってきた三色恵方巻きを食べました。

食べている間は、しゃべっちゃいけない。家族が一方向をじっと見ながら無言で海《の》苔《り》巻きにかぶりついているさまは、なんだか笑えます！

これはしゃべるとせっかくのエネルギーが、口からもれてしまうからだそうです。

春の生命エネルギー満載で、立春を迎えます！

春の生命の力と、豊かさのエネルギーがあふれるように、皆さんに届きますように！

自分が正しいと思った瞬間

ＮＨＫによく出演される釈徹宗《しゃくてっしゅう》さんはお坊さんであり宗教学者である人ですが、お話がなかなか面白く、結構注目しております。

その方が、「自分が正しいと思った瞬間、何かが失われる」とおっしゃいました。

うーん、なるほどと、この言葉が感覚的にすごくしっくりきました。

ノウイングでは、葛藤の大もとは、「自分が正しくなければならない」と思い込んでしまうことだと定義します。

“Need to be right.”です。

簡単に言えば、「ねばならない」「べき」「絶対○○だ」などの信念。

いつでも正しくなければならないと思っていると、人にもそれを当てはめて、相手が間違っていると決めつけてしまう。これはニュートラルに相手と自分の考え方が違うと認識するのとは別の力動です。

宗教戦争も、自分たちの神だけが絶対に正しいと思うからこそ起きるわけです。

自分が正しいと思った瞬間に、陰陽すべてをふくむ一元の世界観、またはやわらかさ、ひいては心の自由が失われるのでしょうか。

あるいは、「自分がダメだ」と思い込むと、その「ダメダメイメージ」も正しくなくっちゃと思ってしまい、ますますダメ度が上がります。

正しいことがいけないのではなく、「正しくなければならない」というニーズに問題があるわけです。

「寛容さ」——一番天の波動に近い頭頂のチャクラの特性であるのもうなずけます。

あと頭頂は感謝のエネルギーです。

集合意識が大きく変わるとき――コロナウイルスが問うもの

東日本大震災から9年目の日を迎えました。もう9年もたったのですね。

あのときからたくさんの新しい命が生まれました し、瓦礫《がれき》も片付きました。原発事故も含め、まだまだ街も人々も復興の途中ですけれど、未曽有の災害の中、人々が助け合い、絆が深まっていったことは記憶に焼き付いています。

2020年3月11日、東北地方では、すばらしい虹が各所で見られたそうです。

鎌倉の鶴岡八幡宮では、宗教の垣根を越えた祈りが捧げられました。実際に、わたしが数年前にこの

お坊さんや神父さんが、
ともに祈りをささげました

世界宗教者会議ロゴ

儀式に参加したときのことを思い出します。

由比《ゆい》ガ浜の海岸でのご神事に、お坊さんやカトリックの神父さんたちが一緒に真剣に祈りを捧げました。心をひとつにして。何かが変わり始めていると実感したのです。

2011年3月11日の朝、行ってきますと言ったまま、会えなくなった愛する人たちの話を聞くたびに、いま、人と共にしている時間を大切にしようと思いました。

阪神淡路大震災のとき、神戸育ちのわたしは、たくさんの家族親戚、友人たちが被災しました。そのときの親しい友達の言葉は、「いままで、一生懸命集めたコーヒーカップとソーサーが全部割れてしまった。でも、本当に何が大切なのかを深く考えるようになった」と。

わたしたちは再び想定外の出来事に遭遇しています。

２０１９年の洪水や台風も強烈な体験でしたが、いま、コロナウイルス問題で、全世界の人々が日常生活を根底から揺さぶられています。
メディアを見れば、怖いニュースばかりで、トイレットペーパーを買いに走ったりする人も多い。わたし自身もたくさんの予定がキャンセルを余儀なくされ、自宅にいる時間が増えました。子供たちは、学校に行かずに家にいる。大人もテレワークをしている人は家にいる。

たった一度のいま、
この瞬間を味わいましょう

それぞれが、いなくて当たり前だった生活が、顔を合わせる時間が増えてきました。思わぬときに手にした自由な時間。**この時期をどのように感じて、どのように過ごすのかが、各々《おのおの》がどういう人なのかを明らかにしていきます。**

集合意識がガーンと大きく変わるときは、こんなふうに強烈な事件が起きます。こうして、いやおうなく集合意識は統合へと進まざるを得ないようにな

インドで出会った瞑想する僧侶

っているのでしょう。

コロナウイルスは、**自分自身と向き合い、何を大切に生きていきたいのか、**自分の明晰《めいせき》性を問われるイベントなのだと感じます。

自分の恐れと向き合い、本来の自分とつながるための目覚まし時計。

前述した和の叡智の大塚さんから、「正しく恐れる」という言葉を聞きました。明晰性をもって、自分の中の戦いをやめるなら、気のエネルギーは流れ、自然に免疫力がアップします。

死はノウイングでは、決まっているわけではなく、出来事に対する自分自身の反応です。

悟った人も亡くなるわけですから、覚醒していても病や死から自由ではありません。

でも、ゲリーは、コロナウイルスに対していまできることは**「本来の自分に目覚め**

ることだけだ」と言います。

ゲリーがよく取り上げる例に、ベトナム戦争中、弾丸が飛び交う中を、僧侶の列がゆっくりと歩いていったけれど、誰一人として弾丸に当たる人はいなかったというエピソードがあります。

僧侶の心の中に、戦争という概念が存在しなかったからです。

ぜひ、ソウル、スピリット、ボディの三位一体の全体としての自分自身を完全に意識して日常を送ってください。頭のてっぺんは常にオーバーソウルにつながっている。足の下は常に地球の中心につながっている感じかしら。

魂意識も肉体意識も輪廻転生して永遠なんだということを心の土台において、たった一度のいま、この瞬間を味わいましょう。

明石家さんまさんじゃないですが、何があっても「生きてるだけでまるもうけ!」

何事も必ず過ぎていきます

魂意識も肉体意識も輪廻転生して永遠なのだから、心配する必要ないですね!!

桜――サクラエネルギー

春になると、桜たちから生命エネルギーの強烈な脈動が伝わってきます。
木花之佐久夜毘売《このはなのさくやひめ》にまつわる伝説の中に、木花之佐久夜毘売が富士山の上から花の種をまき、その花が大地に広がったというお話があります。

そこから、その花を木花之佐久夜毘売にちなんでサクラと呼ぶようになったとか。

また、「さ」は神霊を表す音や稲を表す音とされ、田の神様が宿る「蔵」という意味合いから「さくら」と呼ばれるようになったとも言われます。

春の生命エネルギー

お花見も神様に感謝し、豊作を祈るご神事でした。

わたしにとって、桜はゆるぎない自分を信じる男性的なパワーを持ちながら、すばらしく生き生きとした美そのもの、つまり木花之佐久夜毘売の化身です。

毎年、近くの団地の桜並木の下に車をとめて、満開の夜桜を眺めることにしていますが、夜見る満開の桜はとってても神秘的で妖《あや》しげ。

そんなサクラエネルギーの多様性が、桜を見ると目覚めます。

家の窓も、心の窓も大きく開いて、春の生命エネルギーとその多様性を楽しみましょう。花粉症の人はイメージで!!

夏至——手に入れたいヴィジョンを宇宙にオーダーしましょう

令和元年の夏至を迎えました。ピークは0時54分。

ノウイングでは21日に夏至の儀式を行いました。

陽が極まる夏至は、世界中で太陽神や太陽そのものに感謝する儀式やお祭りが行われる神聖な日です。

夏至の前夜あるいは早朝に摘まれた薬草には特別な神秘のパワーが宿るといわれ、そのエネルギーはご縁を引き寄せる効果が、特にパートナーを引き寄せるのに効果があるとされています。

ノウイング夏至祭の祭壇

わたしたちもまた自然のサイクルの中に生きています。

夏至の前の数日、「陽」のエネルギーが最高のときに、ぜひ太陽のクリエイティブな根源の生命エネルギーを深い呼吸とともに取り入れ、内なる陰陽つまり男性性、女性性のエネルギーの統合を意図してください。

意識的な儀式ほど、大きなパワーを持つものはありません。ご自分なりのマイ儀式で十分です。真摯に誠実でさえあれば。

統合された意識から解き放たれる言葉は現実化します。

子供のように無邪気に、気持ちをのせて、手に入れたいヴィジョンを声に出して宇宙にオーダーしましょう。

そう五つ星レストランで、メニューから一番食べたいものを注文するように。

五つ星レストランでは、わたしたちは注文したものが必ずテーブルに運ばれてくることを疑いませんよね。引き寄せたいご縁もぜひ。

宇宙のサイクルとリズムとともに生きることは、健康と豊かさを約束します！

いままでとはまったく違う考え方をする必要がある

ゲリーのスカイプをとおしたメッセージにはいつもハッとさせられます。

「社会意識はわたしたちの潜在意識の中に入り込んでいる。

というより、潜在意識そのものともいえる。

社会意識は、大衆を楽にコントロールするためにつくられてきた。

わたしたちは物心つく前から、自分を信じるのではなく、権威ある存在に従うようにトレーニングされてきているのだ」

「出る杭《くい》は打たれる」、「和を乱してはいけない」などは、代表的な日本の社会意識です。小さな単位ではそれぞれの家庭も社会意識です。

「わたしたちは、自信をもたないように、トレーニングされてきてしまった」ともゲリーは言います。

いまこそ、自分たちの意識や存在の仕組みに気がついて、社会意識から自身の自由を取り戻すときが来ています。


潜在意識への刷《す》り込みに気がつく前は、自分の決断だと思っていたものは、実は母親や父親、友達や先生の決断です。

気がつくためには、**いままでとはまったく違う考え方をする必要があります。自分はこうだという自己像――セルフイメージを筆頭にです。**

瞑想や呼吸法など、そこに気がつく方法は数あれど、シンプルなのはひたすら**「いま、ここ」に意識的に気がついていること。**

いま自分の座っている椅子の感触、吹いてくる風の匂いや感覚に気がついたり、自動反応ではない言葉をゆっくり選んで口にしたり。

これは習慣づけることが可能です。

神道では中今《なかいま》といいます。

「ただいま！」と帰ってくるときも、いまにいます。

ただいま癖をつけちゃいましょう。

これからこの人生を終わるまで、そして次の転生もあるなら、ず〜っと「ただいまモード」でいこう！

即位礼の日

２０１９年10月23日、即位礼正殿の儀が無事に終わって、今朝、湘南は快晴です。

そして、昨日初冠雪だったという富士山の雪が輝いています。

昨日は宮中三殿で、即位礼催行のご報告の儀式である賢所《かしこどころ》大前《おおまえ》の儀が放映されました。

天皇陛下の真っ白な束帯は、まさに新しいエネルギーの象徴。『日本書紀』にすでに記されている即位礼と大嘗祭《だいじょうさい》は、まさに、過去と現在と未来をエネルギーでしっかりとつなぐ大切な儀式です。

このような機会には、専門家の解説から、賢所の間取りや「御告文《おつげぶみ》」の内容などいろいろな情報も入ってきて楽しいです。

記録されているかつての天皇陛下の御告文は、現在神主さんがあげる祝詞とまったく形式は同じでした。

もちろん原文は万葉仮名で書かれています。「平《たひら》けく安《やす》らけく聞《きこ》し召《め》せと……」。よく耳にする祝詞《のりと》の定型の文言。

テレビの画面から奥へ入られたあとも、何が行われていたのか、明確に視覚化できました。13時からは即位礼正殿の儀の様子が放映されました。

わたしは出先から、YouTubeのライブで内閣府の広報チャンネルをリアルタイムで視聴しました。ずっと朝から激しい雨が降っていたのに、まさにその瞬間に太陽の光が……。

正殿で儀式に参列されていた方とご縁があって、リアルタイムのその瞬間のことを教えていただきました。

即位礼正殿の儀で用いられた高御座（たかみくら、手前）と御帳台（みちょうだい、奥）

13時には嵐のような風雨が急に鎮まり始め、日が射し始めたそうです。そして陛下が登場される3分前に完全に雨があがり、儀式が終わるとまた日が陰ったとのこと。虹が出たそうですね！

まさに、太陽神、天照大御神《あまてらすおおみかみ》様のご意図と祝福だと思います。神々は、このように、風やお天気など自然をとおしてわたしたちとコミュニケーションをとってくださるのです。

「天皇晴れ――エンペラーウェザー」という言葉は1964年の東京オリンピックから使われたとのこと。ただお天気が晴れるだけではなく、天皇がお姿を現すときに晴れるという現象が天皇晴れだそうです。

様子を教えてくれた方は、天照大御神様のエネルギーを確信したとおっしゃっていました。なんだか楽しいですね！

皇居の中で天皇陛下や神様につかえる方々によって、どのような儀式が普段から行われているのか、あまり多くは知られていません。でも、毎日、毎日、国と人々のための深いエネルギーワークが行われていることは確かです。

内掌典《ないしょうてん》という巫女さんたちが、真剣に毎日祈りをささげてくださっていることを知ったときには驚きました。巫女たちはすべて処女でなければならないと聞いています。

前述しましたが、天皇陛下には皇太子時代、皇居のご奉仕で3度実際にお目にかかり、一度は直接お話をさせていただきました。ここ3年余りで、お目にかかるたびに、どんどん波動が変わっていかれたのを明確に覚えています。

昨日テレビの画面をとおして拝見したお姿は、天皇霊を御身から発現されていると感じました。

今日、内外への即位を宣言され、いよいよ令和のエネルギーが本格的にスタートします。**これからは、わたしたち一人ひとりが、内なる天照大御神様のエネルギーとしっかりつながるときです。**

令和の名の通り、和に満ちた新しいエネルギーがさらに広がりますように。

冬至の日——ソロモンの儀式

冬至は、わたしたち自身の象徴でもある太陽のエネルギーが鎮まり、そして生まれ変わる日です。陰極まれば陽になる。

この陰陽二元の宇宙で陰と陽が出会う最も大切なポイントの一つ。

つまり、陰でも陽でもない瞬間をとおりすぎるのです。

ソロモンの儀式

これが中心意識の波動、吸う息と吐く息のちょうど間、満ち潮と引き潮の間、海風と山風の間の「なぎ」の瞬間。

このポイントのエネルギーを体感したいと思います。

そして、その瞬間の**ニュートラルな場所から解き放つ意図は現実化します。**

世界中で冬至は大切な儀式のときでした。

大好きなアイルランドのニューグレンジも、イギリスのストーンヘンジも、伊勢神宮も、冬至や夏至の太陽に合わせて、構築されています。

2019年はノウイングでわたしが祭司となり、ソロモンの儀式を行いました。

レムリアから伝わるソロモンの儀式は、伝統を学ぶ者以外には開かれてこなかったのですが、一元の時代には必要不可欠のエネルギーを降ろす大切な儀式だと思います。

日本の神々や世界のパワフルな存在たちを召喚した神聖な儀式は、わたし自身にとっても、儀式の間にさまざまな時空を旅する興味深くも非常にマジカルな体験でした！

2020年は種の中に新しい生命が成長していく年

2019年12月22日、冬至の日にひいたカードです。

次ページのカードたちの写真をご覧ください。「結」と「種」です。

カードはさすがにエネルギーと直結しています。

2020年は庚子《かのえね》。子年は、十二支の始まりであるように、種の中に新しい生命が成長していく象徴のエネルギーを表します。

種が実を結ぶべく意図するんです。

泣沢女神《なきさわのめのかみ》は水と涙の女神。

もう、深いところに抑えていた感情も自由にしてあげるときです。子年は五行でいうと水、そして今上天皇はお水を研究されていますね！
宗像三女神《むなかたのさんじょしん》は、天照大御神様の勅命により、玄界《げんかい》灘《なだ》、大陸との海の道を守り治める女神です。やはり水のエネルギー。

女性性のあらゆる側面を表しているとともに、陰陽統合の市杵島姫命《いちきしまひめのみこと》は弁財天様と同一化されてきました。

才は才能であり、財でもあります。

２０２０年のテーマの一つは豊かさです。

いよいよ本当に、**思い込みがつくりあげた古い自分を刷新《さっしん》して、新しい命を生きていきましょう。**

新しいというよりは、本来の大もとと言ったほうがいいかもしれません。

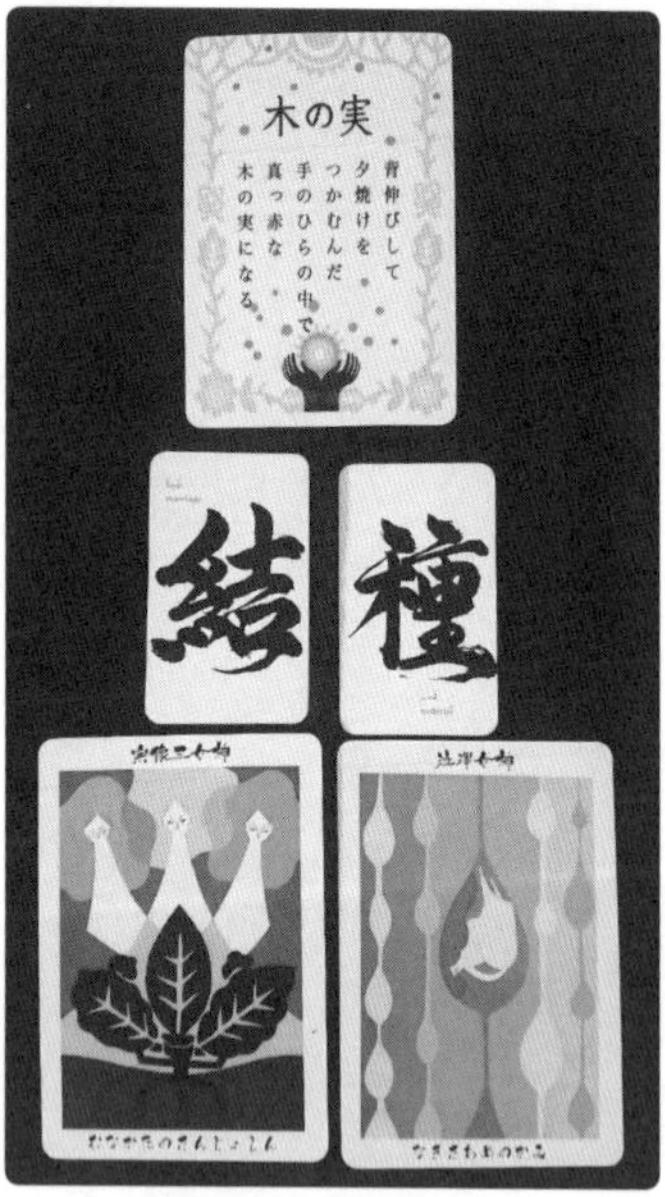

2020年は種の中に新しい生命が成長していく年

それには、常に「自分はいま、本当は何を感じているのだろう」とじっくり向き合うことだと思います。

グレゴリオ暦が採用されているので、左脳的意識は元日が刷新の日ですが、エネルギー的には冬至が刷新の日。

毎日リニューアルしていますが、ポイントポイントを大切に、そのたびに過去をクリアにするのはとってもいいことです。

［追記］本書が出版される2020年春。世界に新型コロナウイルスが広がり、まさに自分と向き合うときが来ています。

クラスター感染を抑えるための、学校閉鎖や外出、集まりの自粛など、いま一度「本来の自分と向き合うとき」が来ました。

これからの数年は、公私ともにますます変容のためのイベントが起きるでしょう。

後付けになりますが、新型ウイルスが発症した中国大陸と日本をつなぐ海の道を守る宗像三女神のエネルギーを必要とする2020年となりました。

第4章

一人ひとりがマスターになる時代

「やさしくあれ」

わたしにとって大きな出来事は、2018年にダライ・ラマ法王からパシフィコ横浜で、聖観自在菩薩《せいかんじざいぼさつ》の灌頂《かんじょう》（頭に水を注ぐ儀式）を受けたことです。観音様とは個人的に大変深いつながりを感じていると同時に、ダライ・ラマ法王とも、時空を超えた深いご縁を感じています。初めてお会いしたときは、なぜか涙があふれてきましたが、今回もやはり言いようのない感覚が身体にひびきました。

3日間連続で、チベット仏教のお話、灌頂、そして、科学者との対話がありました。法王は、左脳と右脳の双方を使っていかなければ、多くの人に伝わらないということを踏まえて、積極的に科学者との対話をすすめています。「ただ真理を信じなさい」というのではない、心理学や量子力学とのコラボレーション。論理に基づいた仏教哲学は興味深かったです。

わたしがお手伝いしたアセンデッドマスター「ラムサ」のリトリートでも、大学教授や医師らが、非局所性や、脳のニューロンネットワークの講義をとおして、どんどん自分の信念を変容させていくのを目の当たりにしました。

知性が納得すると、体験が起こりやすくなり、体験が起こると、ますます信念が強まります。左右の脳双方からのアプローチの有効性をあらためて認識しました。

ダライ・ラマ法王の来日法話

でも、ともかくダライ・ラマ法王のメッセージはシンプルです。

「やさしくあれ」と。

古代の叡智《ノウイング》でも、神秘家としての第一の在《あ》りようは、

「何があっても人にも自分にもやさしく接すること」。

けっこう自分にはやさしくなれない人がたくさんいます。

鍵は「恥と罪悪感」。

この2つの狂気エネルギーがあると、人は自分を罰しようとするから。

そして、やさしさは、甘やかすことと違う。

厳しさというやさしさもあることも理解していないとダメ。

寛容さは、第7チャクラであるクラウンチャクラの共鳴波動です。

ともかく、「自分にも人にも慈悲《じひ》をもって生きる！」と強くコミットしています。

令和という時代は「慈愛とやさしさと思いやりの時代」になると思っています。

ダライ・ラマ法王がおっしゃった言葉をご紹介しますね。

「チベットでは、多くの病《やまい》は愛情と慈悲心という薬で治るといいます」

「複雑な哲学も、教義も、教理もいりません。わたしたち自身の心が寺院です。思いやりが、教義です」

最後にまた法王の言葉を。

「慈悲の心があれば、必然的にチャーミングになります」

慈悲の実践でモテ期到来間違いなし。

一人ひとりがマスターになる時代

お雛祭りは平安時代の3月の初めの巳《み》の日に、厄《やく》を形代《かたしろ》に託して、川や海の水に流して神々に無病息災を願ったご神事が始まりといわれています。

水の浄化の力は、「大祓詞」にも表されているように、古代から知られています。

先日箱根に行ったときに、雨つぶがつくりだす幾何学模様に魅《み》せられてしまいました。天から落ちるしずくが次々に水輪をつくり、それがひろがり、周りの輪とかさなりあう……。

これからは、一人ひとりがこんなふうに、自分の世界の輪の中心にいながら、どんどんつながっていくんだなと思いました。そうフラワー・オブ・ライフのように。

フラワー・オブ・ライフ

噴水のように、一人のマスターが水を周りの人々に分け与え、注ぐのではなく、わたしの漫才ユニットの相方である亭《てい》田《だ》歩《あゆむ》さん（190ページ参照）が伝えるように、一人ひとりが空から直接水の恵みを受けとって、一人ひとりが自分を表現していく時代がきています。

自分自身が内なる神そのものになっていくこと。

自分の神聖さと深くつながり、神聖なる自分を識ること。
もう自分以外の誰をもマスターにせず、自分が自分のマスターになる。
お雛祭りの日にそんなことを考えました。

人生は「相手を喜ばせるか、自分を喜ばせるか」の選択です

「フィーリングと思考の距離」。どんな考えもその底にはフィーリング、つまりくっついている気持ちがあります。

その気持ちと考えが一致していれば問題はないのだけれど、その2つの間に距離があると、そのギャップをわたしたちは埋めようとします。

身近な例でいえば、玄関の靴はきちんとそろえるべきという考えは、整っている玄関はすごく気持ちが良いという感覚と結びついています。

ところが家族はいつも靴をぬぎちらかす。あなたは怒りとあきらめと悲しみのミッ

クスしたフィーリングを感じ、考えとフィーリングの距離は遠く離れてしまいます。

その距離を人はいろいろなもので埋めようとするんです。

よく言われるのはアルコールやショッピング、セックスなどですが、ゲリーの言葉ではっとさせられたのは、「人のご機嫌とり（Pleaser）」をして埋めようとする人がほとんどだということ。

究極、**人生は「相手を喜ばせるか、自分を喜ばせるか」の選択だといいます。**

もちろん、純粋な気持ちから人を喜ばせるのはまったく問題ありません。

覚知した人は、自分の中に相手を包含していますから、自分を喜ばせることは相手を喜ばせることと一致するからです。

でもこの部分はだんだんわかりにくく、精妙になってくるんですね。

ギャップを埋めるために、人を喜ばせているのか、人の喜びが真のあなたの喜びなのか、フィーリングと思考の間の距離を何で埋めているのだろうか……。

そこらへんを内観する必要がありますね！

潜在意識から変容しましょう

赤ちゃんのときは、自分と世界は一緒。泣きたいときに泣き、おなかがすいたら泣き、自分の気持ちをとても正直に表現していました。

でも、だんだんどこまでが自分なのかがわかってくると、わたしたちから無邪気さが失われ始めます。

愛されるための工夫や戦略が始まるのです。サバイバルを確実にするために……。

変わろうと思っても、なかなか古いパターンから抜けられなくてしんどい思いをしているなら、潜在意識の中に、幼いころにくだした「決心」や、もう役にたたない「信念」が潜んでいる可能性が大きいのです。

シンクロニシティに満ちた楽な人生を楽しむには、自分の無意識の中に沈んで見えない、幼いころに決めてしまったもう役にたたない信念を見つけて、感謝し、さようならをすることが不可欠です。

知らず知らずのうちに身につけてしまった、**誤解に満ちたセルフイメージをすっかりとって、無邪気さをとりもどしましょう。**

もう一度、2歳のイヤイヤ期を体験しましょう。

もう一度、無邪気に粘土をこねてみましょう。

無邪気さは、純粋なエネルギー。

変容は、潜在意識からスタートさせましょう。

地球と人間

この世界のすべてが相似象――ホログラムです。

だから、人と地球は同じ構造です。

つまり、真ん中のマグマの部分は生命エネルギーの根源の第1チャクラ。

その周りの熱い部分は、感情やセクシュアリティの第2チャクラに対応。

無邪気さは純粋なエネルギー

地球はわたし

冷えかけの外側の部分が、セルフパワーの第3チャクラ。ここまでが肉体側のエネルギー。

地表の草が生えている部分はハートチャクラ、第4チャクラ。

その周りの空の始まりが第5チャクラ。

宇宙が真理を見通す第6チャクラ。

そして、天が感謝と喜びの第7チャクラ。

こうしてみると、チャクラの色も納得です。

マグマの色は赤の第1チャクラ、その周りはオレンジの第2チャクラ、大地は黄色の第3チャクラ、グリーンはハートチャクラ、空色は第5チャクラの色、第三の目は夜の星空の色……。

けっこうみんな、セルフパワーがないので第3チャクラが乱れています。

自分の身体を大切にするように、地球も大切にしたいですね！


今日青空を見上げて、のどのエネルギーセンターの波長なんだなあと、のどにいっぱい青を吸い込みました。

これからは、ハートチャクラの後をうけて、のどのチャクラが要《かなめ》になります。


地上のものはみんなハートのチャクラだと思うと、なんだかつながりが深まります。

黄色やピンクや草色をハートのチャクラに吸い込んだり、夜空を見上げたら、第三の目からミッドナイトブルーと呼ばれる濃紺のエネルギーを吸い込んだり。

これって、楽ちんなチャクラ活性化の瞑想です。


そして今日の太陽。彩雲がでていたのですが、撮りのがしました。

でも太陽を見るたびに、自分自身の神聖なパワー、天照大御神《あまてらすおおみかみ》を感じて呼吸する。

地球はわたし。わたしは地球。

卑下と傲慢はまったく同じエネルギー

いまは一元の時代に突入中。一元には比較は存在しない。

本質的にそれぞれがユニークで違っていても、そこにはどちらが偉いとか劣っているとかがない。

自己覚知にいたると、いろいろなことがいっぺんに「わかる」という感覚になるから、ついつい自分が人よりも特別だと思ってしまう。

ノウイングのテキストには、「自己重要性は自己覚知を殺す」と記されています。

自分が特別な存在で人よりも偉いんだと思ってしまうのが自己重要性です。

この「傲慢さ」は、せっかく目覚めた意識を再び殺してしまうということです。

いろいろなことが「わかる」ようになると、気をつけなくてはいけないのが、この自己重要性の罠です。

そして、「傲慢《ごうまん》」と同じ軸の反対の極にあるのは「卑下《ひげ》」です。

傲慢と卑下や偽物の謙遜《けんそん》はまったく同じエネルギーの陰陽です。


ワオ！　偽物の、「わたしなんか……とってもとっても」的な、会話をスムーズにしようとする、あるいは、妬《ねた》みを避《さ》けて相手を安心させようという奥の意図のある謙遜はストップ！


それって、「俺様ってえらいんだぞ～」と同じエネルギーだから。

みんな違ってみんないい！

子供の無邪気さは確かに天国へのパスポートだ。


ゲリーの「自己覚知と覚醒」のブログに、「覚醒していないふりをやめたときに覚醒する」という言葉が書いてありました。

思考は選べます。

覚醒していないふりをやめましょう！

ゲリーの体験とヒーリング

ノウイングスクールで内的葛藤を手放す儀式を行いました。

影響するパワーの大きさは、考え（信念）→気持ち（感情）→身体（DNA）の順番です。

つまり、不具合や病を起こしている信念（意識）が心底変われば、そして自分は何ら欠けることのない「全体」であることがしっかりと腑《ふ》に落ちるなら、わたしたちは健康でいられます。

意識がすべてをつくっているからです。

葛藤は気の流れの交流の邪魔をします。

シンプルに、肉体とその周りのエーテル体のエネルギーが自由に交流し、どこも滞っていないなら、わたしたちは健康です。

すばらしいヒーラーの濱口剛輔先生も、「病《や》むというのはその中に健やかなるものがあるから病む」とおっしゃっています。

そして、健康に影響する信念を「癖」とおっしゃっています。

先日、ゲリーがペットのシュナウザーのマックスと自分自身のセルフヒーリングの体験をシェアしてくれました。

この体験談を読むと、意識が本当にすべてをつくっていると感じます。

「自分は病気だ、だから自分はかわいそう」という自己憐憫《れんびん》に陥《おちい》らなければ、わたしたちの身体はすばらしい叡智とパワーをもって、全力で治癒を遂行してくれます。

すばらしいお手本を示してくれたゲリーにありがとう!!

次にご紹介するのがゲリーの体験談です。

わたしたちの身体は自己治癒力に満ちています

こんにちは。これから申し上げることを皆さんにお話ししようかどうしようか迷っていました。妻のリンダとも相談しました。

これはヒーリングについてのお話です。

わたしたちの身体は、自分で自分を癒やせるようにデザインされているのです。

自分ことをお話しする前に、わたしたちの愛犬マックスについての新しい情報をお伝えしましょう。


わたしはオスのシュナウザーのマックスに、これまでずっと深いヒーリングを続けてきました。マックスは悪性の黒色腫と診断され、大きな腫瘍は鼻の骨を突き抜けて左目の下まで広がっていました。そのために、左の眼球が前に飛び出しました。浸食する腫瘍は、彼の口蓋《こうがい》をもどんどん破壊していったのです。

ゲリー・ボーネル氏と
マックス（左）と
シャッツイ（右）

獣医からは、治療のためには、口蓋の再建手術をする必要があるけれど、難しい手術なのでそのために亡くなる可能性もあると言われていました。

でも先週、すばらしい診断がくだされたのです。

マックスの口蓋は構造上、まったくダメージが見られないので、「再建手術は必要ない」と言われたのです。

獣医さんとガンの医者は、マックスの回復に首をかしげていました。

でもリンダとわたしにはわかっていました。

次はわたし自身の話です。２０１８年12月中旬に右の肺の突然の激痛で目が覚め、咳をしたら非常に変わった色の濃い痰《たん》がでました。まるでナイフで突き刺されたような痛みでした。

その後2週間ほど様子を見てから、やっとレントゲンをとったのです。その結果、右肺の下部に3から4センチほどの塊《かたまり》が見つかりました。3週間の東京での仕事の前で、CTスキャンをして詳細な情報を得る時間がなかったので、翌年1月28日、日本から帰国した次の日に、CT検査を予約しました。息をするたびに肺が痛んだので、今回の東京への旅はいつになく厳しいものになるとわかっていました。

東京に滞在中はよく働きました。

しかもその年は、日本ではインフルエンザが爆発的に流行《はや》っていたのです。道を歩く通勤中の人たちもマスクをつけた人ばかり。

直感でリンダが「インフルエンザ・サバイバルキット」を持たせてくれたので、それがすばらしい効果を発揮してくれました。わたしは自分の腫瘍のヒーリングに専念できたのです。実に大変疲れる3週間でした。

アメリカに帰国してCTスキャンを受けた2、3日後に、わたしの家庭医であるジエイソン・カブ博士から報告を受けました。「どこにも腫瘍は見つからない」と。ただ、肺腫瘍があったところのすぐ近くの第5肋骨に病変が見られるとのことでした。それが金曜日の朝です。

カブ博士は、わたし自身のいままでのガン（前立腺と黒色腫）を考慮して、月曜の午前8時、全身の骨のスキャンの検査を予定しました。

わたしはその週末、新しい病変を癒やすのに大忙しでした。

そして、カブ博士から検査の結果の電話があったのです。

異常なし——何もないと。傷さえも。

このお話をする理由は一つです。

わたしたちの身体は、自分自身を癒やせるように設計されているということです。

「ウェルネスの完全なヴィジョンを保持すること（訳注：健康であることを完全に思い描くこと）」は、わたしたちの身体を全体性へ力強く後押しをしてくれます。

実際、自分の体内に何があるかを見られたことは、治癒した状態を思い描く助けになりました。

わたしたちがパニックに陥ることなく、自己憐憫へと誘い込む「頭のぐるぐる思考」の中で、「自分は病気だ、病気だ」と宣言しなければ、わたしたちの身体は治癒するのです。

また、自然な健康状態を損なう生活習慣をやめることも助けになります。

フィーリングは思考にインスピレーションを与えます。思考は言葉にインスピレーションを与え、言葉は行動にインスピレーションを与えます。

フィーリングと思考と言葉、そして行動のコラボレーション——協働体制をゆがめてしまう葛藤から自由であるなら、わたしたちは自分がヴィジョンに描いたものを手に入れることができます。

おそらく皆さんもわたしのような体験をされたかもしれません。ぜひ教えていただければ幸いです。

以上がゲリーの体験です。

意図とエネルギーで、彼の身体からガンは消えていました。

あとから聞いたところによると、深く呼吸をしながら、身体の左側から、純粋な気のエネルギー（ウェルネスのエネルギー）を患部に向かって吸い込んで、病巣のエネルギーを右側から外へと流し出したそうです。

骨のガンのエネルギーは、右足から流れ出ていったために、彼の右足には黒い痣《あざ》のような印が付いていました。

「この先、いったいどうなるんだろう？」と不安なときに必要なもの

わたしたちの意識が善悪や正邪にこだわる二元性の時代から統合《ユニティ》へとどんどん変化していくいま、心の内側でも外側でもさまざまな出来事が起きています。

地震や火山爆発など、地球の活動はますます活発になってきていますし、世界情勢も中東や北朝鮮の紛争、移民問題、環境破壊など、ますます先行きが見えなくなっています。２０２０年に入ってからのコロナウイルスの問題も、世界を揺るがしています。

「この先、いったいどうなるんだろう？」

誰しもが不安になる要素が世の中にあふれています。

では！　こんなときこそ、わたしたちに一番必要なものはなんでしょう？


わたしは「信頼」だと思います。


世界と自分自身を信頼すること。堂々とぶれない自分の中心から「起きることは起きる、起きないことは起きない！」（当たり前ですけれど）と、日常の一瞬一瞬を大切に思いきり生きることです。

抽象的な言葉ですけれど、実にリアルに体感できる生き方だと思っています。

過去の裁きからも、未来の不安からも自由な「いま、ここ」の永遠のいまです。

でも「そうは思っても、どうすれば？」と思われるでしょう。

まずは**試しに「信じてみる」ことをおすすめします。**
やみくもに、「信じる」ことを選択して、とりあえずやってみるんです。バンジージャンプで飛び降りる気分で。

目をとじて、自分の中に信頼の塊のエネルギーを感じます。

何しろ、わたしたちは永遠不変で、神様でさえわたしたちに何かを付け加えたり、けずったりすることはできないすごい存在なのですから、100パーセント信じてもおつりがくるぐらいです。

わたしたちは自分の「分《わ》け御《み》魂《たま》である内なる魂の意識」の計画を、実際に生きているのともいえるのですから。

自分を信頼することがかなり苦手なわたしたち

「自分に自信がない」とほとんどの日本人は口にします。

世界を信じるには、まず自分を信じなければならないのに、自信――つまり自分を信頼することが大変不得意なのがわたしたちです。

ほかの人から褒められつつ自分の成功の実体験がともなわないと、自信はなかなか身につきません。これは「出る杭《くい》は打たれる」的な日本社会の暗黙のルールが幅を利かせていることもあるでしょう。

ほとんど同一民族、同一言語状態でいままできたので、個性を抑えて周りと同調することが「和」だと信じられてきました。波風をたてない、対立を避けることに焦点があたり、褒められるとついつい、「そんなことありません」とか、「とんでもない、わたしなんかまだまだです」と反射的に否定する言葉が口をついて出る。

偽物の謙遜がまかりとおっています。


でもそうやって抑えてきた「わたしはわたし」的自己表現パワーは、それを体現してくれているエキセントリックな芸能人やセレブに投影されます。だからTV番組「プレバト!!」の俳句の先生、歯にきぬ着せない辛口批評が評判のなっちゃんが大人気になるんです。

わたしは**自分への信頼は、完全なる自己受容**だと思います。

傷やあばたも含めて「あ〜そうなんだ」と受け入れる！

わたしが教祖の「あ〜そうなんだ教」は信者募集中です(笑)。

わたしたちは人生の宿題を過去から持ち越しています。

言ってみれば今世のレッスンです。

わたしが多くの方のカウンセリングをさせていただく中で、もっとも深く、また、大きな宿題は「信頼」だと感じました。

「いま、ここ」に意識を集中する方法

変容のアプローチは、葛藤にフォーカスする方法「信頼したら裏切られる恐れ」と統合にフォーカスする方法「分《わ》け御魂《みたま》の自分だから大丈夫！」があります。

葛藤をきちんと認めつつ、意識を魂に向け、生き残りモードのパートナーの身体感覚をぐいぐいリードしていきましょう。過去世に逃げてはだめですよ～。

「いま、ここ」に意識を集中する方法で一番手っ取り早いのは、身体の感覚をじっくり感じることです。

頭で考えるより、身体で感じるほうを意識すること。

そのために呼吸法はすごく役にたちます。息を長く吐くダイエット「ロングブレス」は、古神道に伝わる息吹永世《いぶきながえ》そのものといっていいくらい。

世界や自分を信頼することを決めたら、まずやってみよう！　ロングブレスでもなんでもいいですが、やせるという副産物がもれなくついてくるかも？

わたしはセドナで、ネイティブアメリカンの儀式を、何度も体験する幸運に恵まれました。聖なる煙を順番に吸うことで、一人一人が聖なる存在そしてつながり合うパイプセレモニーや、柳を組んだドーム型のテントの中で、焼け石に水をかけ、熱い蒸気の中で祈るスウェット・ロッジ。大地に石を円形に並べ、その中で全身を布に包まれて鳴り響く太鼓の音とともにトランスに入っていくメディスン・ホイール。

スウェット・ロッジもメディスン・ホイールも、シャーマンが導く生と死の生まれ変わりの儀式です。儀式を体験する前と後とは、同じ自分ではありません。

儀式のときに All My Relations! とシャーマンが唱えると、儀式の参加者も「オールマイリレイションズ！」とあとに続きます。

これは、北米のネイティブの人々に伝わる世界観から生まれた言葉です。

この世界のすべてには精霊が宿っている。周りのすべてが兄弟姉妹であり、みなつながりあっているという意味が込められています。

だからお互いに、たとえ相手が無生物であっても、敬愛しあい尊重して生かし、生かされているという感覚です。


スウェット・ロッジでは、熱く焼かれた石を運び込むとき、その石を「石の人」ストーンピープルと呼びます。

でも、わたしたちにはこの考えってなじみがありますよね。

そう、八百万《やおよろず》の神、おかげさまの感覚とまったく同じです。

北米のネイティブの人たちも、古代レムリアの血をひく親戚のような存在ですから。

わたしたちは世界や起きることを信頼する生き方を「神《かん》ながら」と呼んでいます。

外の世界のすべてが神聖なる八百万の神々なら、信頼したって大丈夫！　だと思いませんか?

どうぞご自分の中の太古のパワフルなエネルギーを感じてみてください。

近年、縄文文化が脚光を浴び始めていますが、そこには日本の大地に住んでいた人々、そして、わたしたちの身体に流れるＤＮＡに刻まれたとてつもないパワーが表現されています。

ジャパンネイティブの縄文のうずまき！　分《わ》け御《み》魂《たま》とレムリア縄文パワーがタッグを組んでいる私たちは超恵まれています。

世界と自分を信頼することを決めたら、今日はひとつ、ネイティブの文化に伝わる太鼓や笛の音を聞いてみませんか。

あなたのＤＮＡが信頼のダンスを踊りだしますよ！

色とは光と闇の間に発生するもの

最近、我が家のパートナーが、車を真っ赤なプリウスに買い替えました。周りを見ると、なぜか同世代の友人たちが赤い車を次々に購入。それも、深い赤とか、渋い赤ではなく、すごく鮮やかな真っ赤です。

根拠のない統計ですが、年配の人が赤い車を手に入れる率が高いとか。そういえば、還暦には赤いチャンチャンコ！　おばあちゃんの原宿で有名な巣鴨では、赤いパンツが大人気とか。

なぜ、赤なのでしょう。

赤は血液の色でもありますが、どんな力があるのでしょう。

プリウスの赤をきっかけに、色についてちょっと考えてみました。


色彩について書かれた有名なものには、19世紀初頭のゲーテの『色彩論』があります。ゲーテは、光の屈折率で色彩を分析解明したニュートンに大反対。

色は光だけを研究してもダメだと反論して、「色とは、光と闇の間に発生する生きとしたそれ自身の内側に力動をもったもの」だと結論づけました。


光と闇という相対するものが引きあうことで、その間に新しい色彩が生じるとした

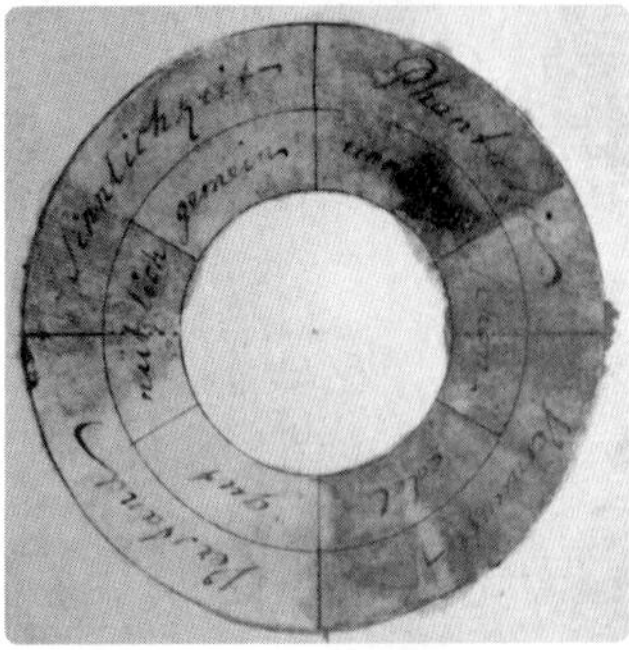

ゲーテの色相環

彼は、光に一番近い色が「黄色」で、闇に一番近い色が「青」としたうえで、その2つの色が統合し上昇したところに新たな色彩の「赤」が生まれると論じました。

面白い！

大もとの色は二色で、青と黄色ということですね。

これは、魂意識の第5チャクラの色と、肉体意識の第3チャクラの色だ！

色彩を赤を頂点とする上向き三角と、緑を頂点とする下向き三角を組み合わせて、色相環を初めてつくったのがゲーテでした。

古代の叡智《ノウイング》では、この世界は魂的なものと物質的（身体的）なもの、陰と陽の二元で成り立っているとしています。

ゲーテも、光と闇、目に見える世界と見えない世界、顕と幽の2つの次元から世界を見ていたのではないでしょうか。

興味深いのは、青と黄色の対極のエネルギーから上昇して生まれたのが赤で、ゲーテ自身が「最も力強い色」と言っているところです。

そして、もっと大きな視点から色彩を見ると、色が波動――ハーモニクスであるように、わたしたちという存在も、それぞれが、唯一独自のハーモニクスを持ってこの地球にきているのです。

つまり、自分自身ということの「創造」の中で、たった一つの自分だけの色を表現しながら生きているということになります。

十人十色とはよく言ったもので、70億人の地球人は70億色の色を、それぞれが地球という壮大なキャンバスに描きながら生きているのです。

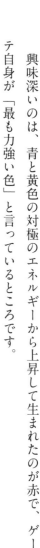

「違いは叡智だ」

わたしの尊敬する友人に、世界の12の先住民族のもとを訪れて、古代から伝わる智《ち》慧《え》の映像化に取り組んでいる亭田歩氏がいます。

その「響き」というドキュメンタリー映画プロジェクトで、彼はマヤの最高神官であり、予言の保持者でもあるドン・アレハンドロ氏のもとを訪れました。

マヤの長老は彼に一言、**「違いは叡智だ」**と伝えたそうです。

亭田さんは、「ワンネスとは皆が一つになるのではなく、虹が七色で美しいように違いを尊重することこそ美しく平和そのものだ」ということに気づいたとおっしゃっていました。

「違いは叡智」って、すごい言葉だと思います。

ドン・アレハンドロ氏

虹のすべての光が一つになると、白色になります。

大もとの光そのものにもどるのです。

でも、いま、地球に住むわたしたちが目指すのは、みんな交じり合って一つの色に戻ることではなく、それぞれが自分の色を輝かせて、虹のような世界をつくっていくことなんだと思います。

考え方や信念、価値感の違いこそ智慧そのものであることが腑に落ちたなら、世界からテロや戦争は消えていくでしょう。

自分の色を知って、その色を表現し輝かせてエンジョイすることこそ人生の目的。

あなたはどんな色でしょうか？


赤いプリウスから、世界平和まで話はどんどん広がります。

最後に一つだけ、ニュートンとゲーテが同じ時代に生きていたらよかったのになぁと心から思います。

ゲーテは、ニュートンの分析的科学的アプローチに真っ向から反論したけれど、ニュートンこそ、エメラルドタブレットを密かに翻訳していたという正真正銘の神秘家だったのですから。

人生にわき役なんかいないない！

テレビの弊害が話題にのぼりますが、私はNHK総合テレビやEテレが大好きです。中でも注目しているのがEテレの「奇跡のレッスン」。スポーツや芸術界の世界最強のコーチが、日本の子供たちを相手に1週間のレッスンをするという内容です。

例えばある回では、ウィーンフィルのコンサート・マスターになったダニエル・ゲーデ氏が、千葉県の小学校の弦楽部の子供たちに1週間レッスンをした様子を取材して、しめくくりは練習の成果を見せるコンサートでした。

題名は「楽譜が物語に変わるとき」。

最後の演奏は、オタマジャクシの羅列ではなく、歓びや悲しみが響きあい、驚くほど豊かな作品にしあがっていました。

技術にばかり意識を向けて、感情を表現できない子供たちに伝えたいことが的確にわかる興味深いレッスン法に、わたしの目からうろこが何枚も落ちる音が聞こえてきました！

このダニエルと、ブロードウェイミュージカル、コーラスラインのオリジナル・キャストの一人、女優で振り付け師のバーヨーク・リー氏の2人のレッスンをご紹介したいと思います。

なぜなら、この2人の1週間のコーチングを受けた子供たちが、本来の自分らしさをどんどん取り戻していく姿を見ていると、わたしたちが自分の人生を、イキイキと生きるための、ノウイング的なエッセンスがぎっしり詰まっていると思うからです。

ダニエルが子供たちに伝えたことは、自分の心からの気持ちを音に込めること。みんなとつながりあって気持ちを一つにすること。

そのために彼が子供たちにさせたことは、楽器を使った音のパントマイムクイズ。楽器のグループごとに音で、子供たち自身が考えたお題、例えば「ネズミを狙っているネコ」を表現して、残りのみんなが当てるゲームでした。

のっしのっしと歩くゾウを、どんなふうに音で表現できるんだろう。試行錯誤しながら、イメージや気持ちを音で表そうとする体験です。

それから、みんなそっぽを向いてバラバラに座って、演奏もします。指揮者もコンサート・マスターも見えない、頼れるのは自分の耳だけです。こうやって、ほかの音たちと自分の音を一つにする体験をするのです。

極めつけはペアになって目を見つめあって演奏する練習です。

相手の目を見つめて、相手を感じながら一緒に奏《かな》でることを楽しむのです。楽器が話すみたいに「コミュニケーションをとりながら」とダニエルが言っていました。

はじめは目を合わせることが恥ずかしくて照れ笑いしていた子供たちが、だんだん引き込まれていきます。

古代の叡智《ノウイング》は、わたしたちの内側にこの世界全部があると伝えています。

だから、自分の中に地球があって、日本もあって、自分がいる部屋もあって、そして目の前にいる人もいる！

つまり、**自分の中に相手として表現している場所がある**ということです。

自分の内側のそのパートとつながることが、相手との真のコミュニケーションを生み出す大もと。

2人で目を見つめあいながら、楽器を奏でる練習は、まさにノウイングのワークとおんなじでした。

「得意じゃないところは、得意な人にまかせちゃっていいんだよ。そして君が大好きなところは、思いっきり楽しんで、演奏するんだ。みんなでつくる音楽なんだから。聴いた人がニコニコ楽しくなるような演奏を目指そうね」とダニエルは言います。

なかなか斬新でしょ？

一人ひとりは完全でなくったっていい。得意なところを思いっきり表現すればいいんだ！ こんなメッセージを聞いた子供たちは、どんどんほどけて柔らかくなって自分自身を音の中に表現していけるようになりました。

あなたの「魂の響き」を奏でましょう

もう一つの奇跡のレッスンは、バーヨークさん。彼女は「初めっからブロードウェイと同じにやるわよ」と宣言。演劇の名門高校、我が家の近くの神奈川県大船高校演劇部の子供たちに、演目である「コーラスライン」の配役オーディションからスタートします。

その結果、いままではずっとわき役で、せりふのない「樹」の役だった男の子A君が主役3人のうちの一人に抜擢《ばってき》されます。番組では彼やほかの数人にフォーカスして、家族とのかかわりあいまで取り上げながら進んでいきました。

3人のうち、あとの2人はいままで主役をつとめたことのある演技も踊りもうまい子たち。A君は初めての大役に自信もなく、声も小さくて、踊りも最初はついていけず落ち込み悩みます。

なんせ、「自分はわき役」のレッテルを張っていたのですから、いきなりの主役にどうしていいかわからない。

演劇は楽器よりも直接、登場人物の感情を表現しなくてはなりません。演ずるのではなく、そのものになる。

「コーラスライン」での思春期をとりあつかったシーンに、自分たちの実際の生活を重ねながら、子供たちは自身の不安や悩みや、心の奥の感情と向き合っていきます。「あなたが悔しかった体験を話して」とバーヨークさんに言われたA君は、実際に自分が悔しい思いをした出来事を思い出し、本物の悔しさが彼の身体から放たれます。皆それぞれが、思春期の内側でもやもやしている親との関係、将来への不安の中にとびこみ、コーチの助けを得てそのエネルギーを、踊りや歌をとおして爆発させて解放していったのです。

全員のダンスのシーンでは、一番後ろの列の子供たちを、順番を逆にして一番前で踊らせたりします。まさに、全員主役でわき役なんかいない。バーヨークさんのレッスンも一人ひとりが本来の自分自身とつながることを明確に意図したものでした。

最後の発表で、例のA君の自信にあふれた笑顔は忘れられません。彼らは、大切な高校時代に、こんなすばらしい人生のコーチに出会い、もらったギフトを一生生かしていくに違いありません。

最強コーチたちは、生徒の身体感覚、感情とやる気と情熱、つまり頭と身体と心を一つにして魂の波動でゆさぶる感じです。

この内側から自分の本物のエネルギーが爆発する瞬間こそが、わたしは「自己実現」なのだと思います。大好きなことを、真剣に喜び、ともに深めていくこと。

人からどう見えるか、どう受け入れてもらえるかという視点から、180度転換して、自分が何を表現したいのかを一番にもってくること。

人からの評価から自由になって、ただ自分自身のエネルギーを出す！

どの分野であれ、本物と呼ばれる人たちは、技術を超えて自分の魂と共鳴する体験があるからこそ、それを人にも伝えることができるのだと思います。

どれも皆、武道や茶道のように、「道」なのです。

人生でこんなすばらしい師に出会えたら素敵ですよね。

「弟子に準備ができたときに、師は現れる」といいます。

大人も子供も、自分の胸に秘めた「わたしはこれが大好き！　という魂の響き」を奏でたいと意図しましょう。

こんなふうに、世界中の親や学校の先生たちが自分の子供や生徒の最強コーチになれたら、どんなに素敵な世界になるでしょう。

「君たち一人ひとり全員が主人公だよ」ってきちんと伝えられる先生がふえてほしいものです。

第5章

古代の叡智《ノウイング》／日本と世界の聖地へ

集合意識に流れる和の叡智

古代日本に伝わる叡智、ノウイングについてお話したいと思います。

日本に伝わり、普段から意識しない間に生活にしみ込んでいるさまざまな習慣には、ノウイングそのものが深いところに流れています。

そもそも、ノウイングでお伝えしているのは個の意識が統合されつながりあっている状態、**一元の意識――ユニティの時代の叡智です。**

アトランティスの前のレムリアの一元の時代に培われた叡智やエネルギーは、そのまま日本人の集合意識の中に伝えられてきました。

神道の大もとの考え方は、「六根清浄大祓」の文言にすべてが語りつくされている感があります。

この祝詞《のりと》は天照大御神《あまてらすおおみかみ》様がおっしゃったという形になっています。

六根清浄大祓《ろっこんしょうじょうおおはらへ》

天照大御神《あまてらすおほみかみ》の宣《のりたま》はく。人《ひと》は　天下《あめがした》の神　物《かみみたまもの》なり。すべからく天下静《あまがしたしず》かにして
平《たい》らかならんと努《つとむ》るべし。心《こころ》は即《すなわ》ち　神明《しんめい》の本主《みなもと》たり。
心　神《わがたましひ》を　傷《いた》ましむることなかれ。

是《こ》の故《ゆえ》に、目《め》に諸々《もろもろ》の不浄《ふじょう》を見て　心《こころ》に諸々《もろもろ》の不浄《ふじょう》を見ず。
耳《みみ》に諸々《もろもろ》の不浄《ふじょう》を聞《き》きて　心《こころ》に諸々《もろもろ》の不浄《ふじょう》を聞《き》かず。
鼻《はな》に諸々《もろもろ》の不浄《ふじょう》を嗅《か》ぎて　心《こころ》に諸々《もろもろ》の不浄《ふじょう》を嗅《か》がず。
口《くち》に諸々《もろもろ》の不浄《ふじょう》を言《い》ひて　心《こころ》に諸々《もろもろ》の不浄《ふじょう》を言《い》はず。
身《み》に諸々《もろもろ》の不浄《ふじょう》を触《ふ》れて　心《こころ》に諸々《もろもろ》の不浄《ふじょう》を触《ふ》れず。
意《こころ》に諸々《もろもろ》の不浄《ふじょう》を思《おも》ひて　中心《なかこころ》に諸々《もろもろ》の不浄《ふじょう》を想《おも》はず。
是《こ》の時《とき》に清《きよ》く潔《いさぎ》よきことあり。
諸々《もろもろ》の法《のり》は　影《かげ》と像《かたち》の如《ごと》し。清《きよ》く潔《いさぎ》よければ　仮《かり》にも穢《け》がるること無《な》し。

説《こと》を取《と》らば得《う》べからず。皆花《みなはな》（因）よりぞ　木《こ》の実《み》（業）とは生《な》る。
我《わ》が身《み》はすなわち六根清浄《ろっこんしょうじょう》なり。六根清浄《ろっこんしょうじょう》なるがゆえに　身体健《しんたいすこ》やかなり。
身体健《しんたいすこ》やかなるがゆえに、天地《あめつち》の神仏《しんぶつ》と同根《どうこん》なり。天地《あめつち》の神仏《しんぶつ》と同根《どうこん》なるが
故《ゆえ》に万物《よろず》の霊《みたま》と同体《どうたい》なり。万物《よろず》の霊《みたま》と同体《どうたい》なるが故《ゆえ》に　願《ねが》うところのこと、
成《な》り就《ととの》わずと云《い》うこと無《な》し。極《きわ》めて汚《きたな》きも滞《たま》りなければ　汚《きたな》きものはあらじ。
内外《うちと》の玉垣《たまがき》　清《きよ》く浄《きよ》しと申《まう》す。

無上霊宝神道加持《むじょうれいほうしんとうかじ》

この祝詞は、わたしたち人間は、天からの贈り物で、その心は天照大御神ご自身が源《みなもと》だという言葉から始まります。

続く「わがたましひを傷ましむることなかれ」という部分は、わたしたちが、自己否定などで自分を傷つけることは、天照大御神ご自身を傷つけることになるからやめてほしいという意味になります。

そして、祝詞の終わりの部分はこう結ばれています。

「わたしたちは清浄で健やかで天地の神仏と根っこは同じだし、すべての霊（スピリット）と同体だから、願ったことはかなわないはずがない」と。

八百万《やおよろず》の神々という概念があって野や山や、一本の針にまで神聖なものを感じるという日本人の心は、ノウイングそのものが響いているといっても過言ではありません。

極めて汚きも滞りなければ　汚きものはあらじ。

内外の玉垣　清く浄しと申す。無上霊宝神道加持
なんだか心が沈んだときには、最後のこの部分だけを口に出して唱えてみてくださいね。叡智が活性化します！

スピ母さん山伏修行に挑戦の巻　考えるより感じよう！

イタタタ！　階段を下りるたびに、脚の筋肉が激しく痛みます。

なぜかというと、なんと2泊3日の出羽三山《でわさんざん》の山伏修行から帰ってきたばかりだからです。ついにほら貝鳴り響く山伏体験に挑戦しました。

ご近所の禅堂、茅山荘《ちざんそう》で藤田一照さんと山伏の星野文紘《ほしのふみひろ》先達との対談に参加したのがきっかけでした。星野先達のド迫力のたたずまいに、引きずられるように羽黒山《はぐろさん》に行ってしまったというわけです。

結果は一応、奇跡的に全行程、全プログラムめでたく終了。達成感はありますが、何度も、なぜこんなしんどいことをしているのか、わけがわからなくなりもしました。

実は3日間がどのようなプログラムなのかは、ここで詳細を語ることができません。何をするのか、わかっていたら、それは真の修行にはならないからです。

期待や予測が一切入り込む余地なく、ほら貝を合図にただ起きることを信頼して、次に何をするのかが直前にわかる仕組みです。

あらかじめの案内に、行場が聖地である羽黒山、月山《がっさん》、湯殿山《ゆどのさん》の三山であること、そして滝行をすることは書かれていました。

日本では昔から山は「転換を遂げる場所」。

星野先達は、「山は死んだスピリットが浄化される場所であり、生きているわたしたちが新たに生まれ変わる母胎である」と言います。

次元と次元をつなぐ場所であり、聖と俗、生と死が交流する場所なのです。

出羽三山はそれぞれが過去・現在・未来を表すとされ、その直線時間を飛び越えて、新しい自分へとシフトする擬死再生の3日間。

借りた山伏衣装の白装束は、死ぬための衣装なのです。果たして、さまざまな深い気づきを体感できました。ものすごい筋肉痛とともに。

「頭で考えるな。ただ感じることだ」

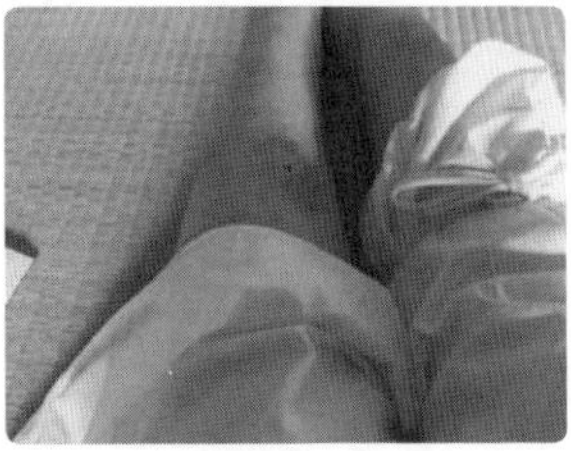

けがした足。
パンパンになってしまった

山伏衣装の白装束

先達は、ほとんど何も語らず、ひたすら「感じよ」と言うだけ。

昼夜となく、歩き、祈り、瞑想をします。同じ祝詞を、祈りを、そして般若心経を何度唱えたでしょう。

長い階段や山道を上っていくとき、もう足があがらなくなるとき、苦しまぎれにさまざまなことにトライしました。

左足から大地のエネルギーを引き上げ、疲労感を右足から大地に返したり、「あ、あ、う～」と心でマントラを唱えながら吸って吸って吐いてをくりかえしたり、前を歩いている人のエネルギーフィールドの中にはいって、その力を借りようとしたり（ずるいですが！）、足の裏の湧泉のツボを開いたり……。

でもひたすら、ただ歩くことに集中すると、一種の前意識状態になるのか、足が前に出てくれます。

歩きながら、これは自分と人生の関わりと同じだということが腑に落ちました。

例えばふと前を見ると、ずっと急な階段が続いています。それを見ただけで、「わあ、あんなところまで上るんだ」と思ったとたん、全身にどっと疲労感がきます。

また少し上にお堂が立っていて、「ああ、あそこが休みどころだ」と期待していくと、実はさらなる急な階段が続いているのがわかり、がっくりと力がぬけて落ち込んでしまいます。

つまり、「いま、ここ」を味わい歩くかわりに、**未来に気持ちが行ってしまうと、エネルギーが大量に消費されることを実感できたのです。**

それで、わたしが編み出したもっとも役に立った方法は、「いま、ここ、いま、ここ」と号令のように唱えながら、上も下も見ず、自分のたどる足元と、そのちょっぴり先の、周辺視野で歩くことでした。

「いま、ここ」は潜在意識への暗示となり、五感が開いていきます。

感じることは、身体そのもの。そうすると、しんどくてぼ〜っとした苦しい意識に、周りの杉の木や、高山植物の「感覚意識」がとびこんでくるようになりました。それから、わたしの前を歩いている人のエネルギーに頼るのではなく、天のエネルギーに上へと引っ張ってもらい、大地のエネルギーに押し上げてもらうととても楽になりました。

先達が前で導いてくれている絶対的な安心感と、必ずこの道は頂上に続いていることを知っていること。つまり、**行きたいところが明確に定まり、安心していることが、人生の道を歩くのにも当てはまるキーワードなのだと思います。**

あとは、いまいる場所をしっかりと踏みしめ、一歩一歩前に進んでいくだけ。気がつけば、鳥居が目の前にそびえたっていました。

「いま」にいれば、未来が自分から近づいてきてくれるという不思議な感覚です。

頂上の神社にあたるものが、人生においてはヴィジョンなのではないでしょうか。

五感をとおして強化されたもの

2日目は特に、膝を痛めたのかもう足がガクガク、力も入らず、山道でよろめくわ、すべるわ。あやうくクマザサの崖から転がり落ちそうになる場面もあり、死ぬかと思いました。

でも気づけば、そのあとにも崖をおり、川を上って滝行も終えたわたしがいます。身体は限りない力を秘めています。その扉が少し開いたのかもしれません。羽黒山の天狗パワーかも。

このところ、出先で靴の底がはがれるというアクシデントが3回も続きました。古い靴を後生大事に履いているからもありますけれど、修行1日目に靴底がはがれてくれたおかげで、月山に行くときは、エアー入り楽ちん地下足袋《じかたび》でより大地を感じて歩くことができました。

また「もうだめ！　水が空っぽ」と思った瞬間に、清水が湧き出る場所に着いたり、三山の神々にたくさん助けてもらったのだと思います。

体力の限界を超えたときに、あらたなパワーがわいてくる体験から、私たちの身体の持つ、ギアシステムにも感動しました。「しんどい！」と思ったら、次の瞬間、ふっと楽になった感じは、マニュアル車のギアがシフトアップするのと同じです。

今回の修行では、身体との関係性がより親密になったことが大きな収穫です。膝が痛くなったとき、自分の身体感覚意識と言葉を交《か》わしました。

いま一番協力してほしいのだということを、無意識コミュニケーションをして、協力をとりつけてから行をしました。

修行中、わたしたち修行者は先達の言葉に必ず「うけたもう！」と返さなくてはなりません。そうしたら、わたしの身体感覚意識に協力を要請したとき、わたしの無意識からかえってきた言葉が「うけたもう！」だったので、思わず吹き出してしまいました。

なんと感化されやすいわたしの感覚意識！

いま、自分と身体との距離がぐぐっと縮まっています。ノウイングでは超常的な感覚を磨くのに、五感をとおして強化していきますが、修行はまさに感じることをとおした意識拡大への近道です。

時計も携帯もカバンにしまい、五感だけで何時ごろかを感じながら、必要な会話以外は沈黙の行です。3日間、ほとんど会話を交わさないという体験も、貴重でした。無駄話や間を持たせるだけの会話は、「気を無駄遣い」しているのですね。

本当にすべてはエネルギーです。

天上から光が柱のごとく降り注ぐ場所――滋賀県賀茂神社

滋賀に行ってきました。

近江八幡《おうみはちまん》の賀茂神社禰宜《ねぎ》でいらっしゃる岡田能正氏とのコラボレーションのためです。

樹齢1000年以上のご神木

この奥が古代祭祀が行われた
聖なる祈りの森

聖武天皇のとき、疫病《えきびょう》や災いを鎮めるためのやしろとして陰陽道の祖である吉備真備《きびのまきび》が選んだのがこの地でした。「天上から光が柱のごとく降り注ぎ、大地の気を発する場所」といわれています。

確かに、ご神域から発するエネルギーは確実に意識をクリアに拡大してくれました。

正式参拝では、わたしたちの祈りが通じたのか、神宝の杖での特別なお祓ひをしてくださいました。また不思議な文様の霊的な神具も、見せていただきました。

樹齢1000年以上の白蛇伝説がある

白鬚神社

著者（左）と岡田能正禰宜（右）

杉のご神木が去年の台風で倒れましたが、まだまだ葉っぱが青々しています。

鳥居のむこうのご神木は神秘的なオーラと威厳を放ち、令和の新しい時代を見守っています。常若《とこわか》の奇跡が起きますように。

岡田先生とは、『神社に行っても神様に守られない人、行かなくても守られる人。』の本の出版記念の会でご縁ができました。

わたしたちの日常に映し出される古来神道の考え方がとてもわかりやすく書かれていて、はっとさせられる所がたくさんありました。

例えば、「いただきます」。

森羅万象《しんらばんしょう》のすべてに神が宿ることを知

っていたわたしたちは、命を差し出してくれた動物や植物に「生命を捧げてくださってありがとう」と言霊《ことだま》で感謝するのです。

手ぬぐいの語源も、水で禊《みそぎ》、布でケガレをぬぐうからきたとのこと。


小学校のときから祝詞奏上しておられた岡田先生が、神の前では、ただ頼むのではなく**「感謝ののちに誓いをたてる」**とおっしゃっておられるのが心に響きます。

これは古代の叡智《ノウイング》の「意図イコール結果」と同じ。

神様にすがってお願いするのではなく、神様の前で明確に誓い、神々から応援していただくというのが本来のお参りではないかとわたしも思います。


そして、社会の社は、示へんは、神前におく台、土は依《よ》り代《しろ》としての盛り土とのこと。

社会とは、「神がやどるお社たちに会う場」なのだなあと改めて認識しました。

社会という文字をそんな角度からとらえると、世界に対する感じ方も変わりますよね。

それにしても、琵琶湖《びわこ》のあたりはすばらしい場所で、たくさんの素敵な方々とものご縁ができました。何度でもうかがいたいです！

京都の東寺――空海の教えはまさに古代の叡智《ノウイング》

空海ラブのわたしは、京都の東寺に行きました。

大河ドラマ「西郷どん」が、東寺の五重塔の上から京の町を眺めたということで、東寺ブーム？　そのおかげで、五重塔の第一層の扉が開いて、特別公開中でした！

これは行かねばと、ゆっくり時間をかけて東寺を散策しました。

写真撮影は禁止なので、外からちらりと中を撮りました。

内部はまさに曼荼羅《まんだら》。心柱《しんばしら》が大日如来《だいにちにょらい》そのもので、その周りに仏様たちが配置されています。四面の側柱には八大龍王《はちだいりゆうおう》が描かれていました。

東寺の柱にアンタカラナ（左）が
描かれていました

興味深かったのは、中の幾何学文様です。柱に描かれていたのは、イギリス、エジンバラのロスリン礼拝堂で見たのとそっくりでした。

それから、その柱に描かれていたのは、ノウイングでも大活躍のレムリア時代からのシンボルのアンタカラナ！

空海が伝えた教えは、まさに古代の叡智《ノウイング》なのですね。

金堂《こんどう》の薬師如来《やくしにょらい》、講堂の立体曼荼羅は、そこにずっといてもいいくらい、わたしの意識に影響します。

宇宙のすべての基本のパターンのひとつがこの講堂の立体曼荼羅なのだなと深く感じる体験をしました。

陰と陽のエネルギーが統合した総体が、四方向にむかって自身を具現化していくプロセスです。

そして、今回初めて行ったのが観智院《かんちいん》という、真言宗の研究所みたいなところ。

そこで見たすごいもの2つ！

空海ラブのわたしはさっそく、夢枕獏原作の映画「空海――KU―KAI――」を見に行ったのですが（内容はちょっと予想とは違ってました。面白かったけど）、映画で最後に入門をゆるされた長安の「青龍寺」にお祀りされていた五大虚空蔵菩薩《ごだいこくうぞうぼさつ》が安置されていました!!

びっくりびっくりです。空海が目にした仏像が目の前にあると思うと本当に興奮しました！

それから、観智院に、宮本武蔵が2、3年ほど隠れ住んでいたとのことで、彼が描いた襖絵《ふすまえ》がありました。これが本物のアーティストの作品なんです。

竹林と鷲の絵だったのですが、鷲なんかもうふすまから飛び出しそう！

なんでも極めた人はすごいなあと思います。

一緒に行った母は、そのあと「無限の仏様たちにかこまれた不思議な夢を見た」と言っていました。空海パワーですね、きっと！

久しぶりの高千穂はパワーが拡大していました

高千穂《たかちほ》と熊本の幣立《へいたて》神宮に行ってきました。

実は2006年、瞑想中に、赤と白の折り紙の兜《かぶと》のようなシンボルが下りてきたのが、『日本の神様カード』制作のエネルギーのスタートでした。

それが高千穂神社の御幣《ごへい》（祭祀で用いられるもの）の上の部分だとわかったのが、すぐそのあと。ですから、わたしにとって、高千穂は特別な意味があります。

確か、境内のご神木の脇で、邇邇芸命《ににぎのみこと》のカードのメッセージを下ろした記憶があります。

久しぶりの高千穂は、さらにパワーが拡大していました。

和――ハーモニーをつかさどる日本の神々が、ますます

高千穂神社

大切な役割を果たされるからでしょうか。

これからの変容の時代、そこで活躍されるのが瀬織津姫《せおりつひめ》様だと思っています。祓戸大神《はらえどのおおかみ》四柱のおひとりで、急流にすまわれる水の女神です。

かつて、天空の中心、北極星は天之御中主神《あめのみなかぬしのかみ》と同一視され、妙見《みょうけん》信仰の中心となっていますが、高千穂では瀬織津姫が妙見様としてお祀りされていました。

天照大御神《あまてらすおおみかみ》様の荒御魂《あらみたま》ともいわれている女神は、わたしたちの内なる聖なるパワーの根源のエネルギーであり、あふれるように流れる水に顕現《けんげん》しています。

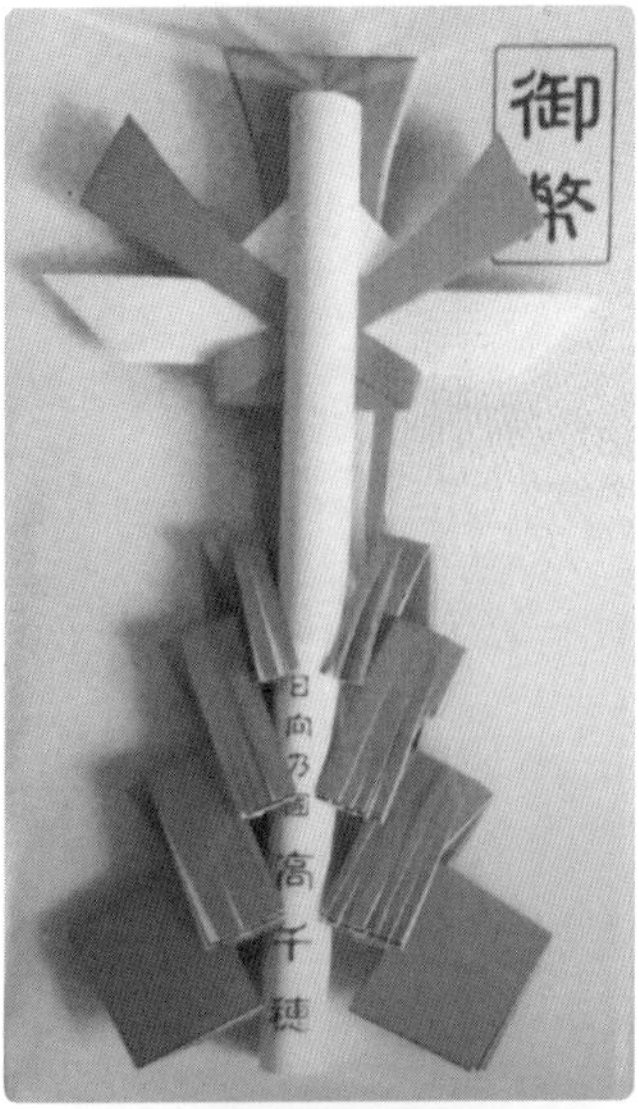

高千穂神社の御幣（写真上）と
境内のご神木（写真下）

八大龍王水神

まず、天岩戸《あまのいわと》神社西本宮、東本宮、八大龍王水神、瀬織津姫神社、荒立《あらたて》神社、槵觸《くしふる》神社にお参りしました。

西本宮、東本宮以外は、お参りするのは初めてでしたが、言葉にできないくらいすばらしいスポットばかり。

天岩戸神社の天岩戸を遥拝したときに、強烈なシフトを感じましたし、エネルギーの流れそのものである龍のパワーにもあふれています。

高千穂のあとは、熊本の幣立神宮も参拝できました。

幣立神宮は日本で最も古い神社と伝えられ大宇宙大和神《おおとのちおおかみ》や原初の神々をお祀りしている強い気にあふれる場所。

こういったパワフルな場所は、神々のサポートに加えて、そこにいるだけで、バランスがとれてきます。

神社はふつうは入場料もいらないし（笑）、最高の自分をとりもどせるレジャースポットだと思います！

ちなみに、Leisure（レジャー）は本来ゆとりと訳され、語源は、アリストテレスにさかのぼります。

本来の意味は、やってもやっても飽きのこない「自己実現」の行動を表します。

ベルファストのラビリンス（迷路）で歩く瞑想

アメリカの旅で、東海岸、カナダと国境を接するメイン州を訪れました。

わたしのかつてのホストファミリーが住むベルファストは、ヨットハーバーのある人口7000人弱の小さな街。街を歩くと知り合いに必ず出会い、週末にはファーマーズマーケットが開かれる温かいコミュニティです。

お世話になった家から徒歩2分のところに、なんとラビリンス、つまりきれいな迷

シャルトル大聖堂のラビリンス

ラビリンス

路がつくられています。

この迷路はなんとイギリス、グラストンベリーの教会にあるものと同じです。

フランスのシャルトル大聖堂に描かれたラビリンスが有名ですが、紀元前2000年のクレタ島の遺跡にも、同じ文様が描かれています。

この迷路を入口から中心に向かって静かに歩き、中央で瞑想をしたあと戻ってくるだけなのですが、この歩く瞑想はすばらしい効果があると感じています。


中心に行くまでは手放す……つまり解放と浄化のプロセスで、中央で中心の自分とつながり、帰りは得たいものを受けとりながら歩いてくるのが基本の考えです。

これを心理療法に導入したサンフランシスコのグレイス大聖堂の司祭で心理士のアートレスは、リリース（解放）、レシーブ（受けとる）、リターン（回帰）の3Rのウォークだと言っています。リフレクト、「省みる」という意味のRも含まれているそうです。

ホストファミリーのケイティは毎日ここへきて歩いています。

彼女の歩き方は、歩く前に質問を心に浮かべてから迷路にはいる方法で、「出てくるときには必ず答えが得られる」と言っていました。

ラビリンスを歩くケイティ

確かにやってみるとそのとおり。古代から伝わる幾何学形態と儀式のマジックです。

このラビリンスは東日本大震災の心の傷を癒やすために、上智大学に設置されていました。

日本では、誰も知らない小さなアメリカの街に、ラビリンスがあったことに驚くとともに、ここにとても芸術家が多いことも偶然ではないと感じました。

そして、この公園にはフィニアス・パークハースト・

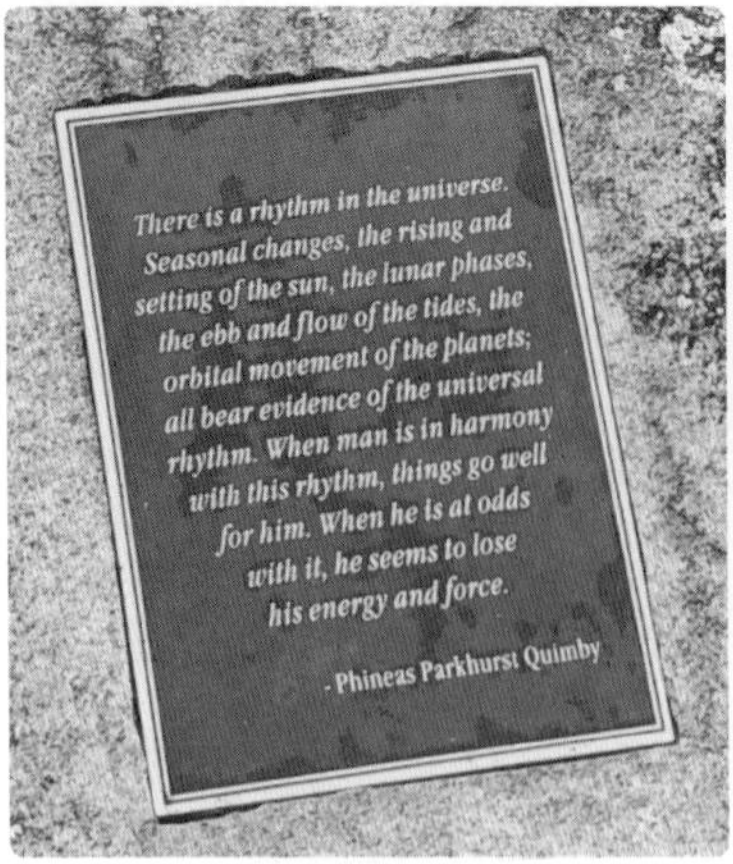

公園内にあるクインビー博士の言葉が記された石碑

クインビーという人の素敵な言葉が記された石碑がありました。

クインビー博士のことは知らなかったのですが、思念や祈りの力によって病気を治した催眠療法家で、ニューエイジの運動に大きな影響をおよぼした人だそうです。その人が２歳からベルファストで育ったんです。

不思議な輪が完成した気がしました。

余談ですが、クインビーは、わがパートナーと同じ誕生日、２月16日生まれです。関係ないけどご縁を感じます。

彼の言葉を訳しますね。

そのとおりだと思います。

宇宙にはリズムがある。
季節の変化、昇る太陽と沈む太陽、
月の満ち欠けと潮の満ち引き……
惑星の軌道上の動き、
すべてが宇宙のリズムの証《あか》しである。
人がこのリズムと調和するなら、
何もかもがうまくいくだろう。
宇宙のリズムからはずれるとき、
エネルギーと力は失われるようだ。

満月とホーリーの日とインド

春分の日で、満月で、しかもお釈迦《しやか》様の聖地で、「ホーリー祭りの日」というすごいタイミングに出会いました。

これも神様タイミングです。

お釈迦様が説法をされた霊鷲山《りようじゆせん》で春分の太陽のご来光を浴び、最後は覚醒の地ブッダガヤでその太陽が沈むのを送りました。

昼はホーリー祭りという、町中の人たちがどろや色の粉をなげあったり、なすりつけたりする強烈なお祭りをちょっと体験。

ハレとケ、「ため込んだ不要なエネルギーを解放して、心のバランスをとりもどす」という祭り本来の機能をはたしているのを目の当たりにしました。

霊鷲山への道
斎場御嶽みたい

ご来光。雲もなく感動

霊鷲山頂上のお釈迦様が説法された祭壇

ツアコンの大塚さん。似合いすぎ！

色の粉を顔にぬりたくります

町の人は夕方までには「ウォーキング・デッド」状態の人たちも。

そして、お釈迦様が6年間苦行をしたという前正覚山《ぜんしょうがくさん》の瞑想の洞窟！

どこもかしこも、強烈な体験が満載でした。

お釈迦様の「目覚める」というフォーカスへの真摯なエネルギーを自分の身体で感じ、細胞全部が根底からゆさぶられます。ここでも神様タイミングで、ふだん人がいっぱいでゆっくりできない洞窟内で、15分の瞑想をすることができました。感謝。

前正覚山とバスの窓についた泥

お釈迦様が６年苦行した
洞窟の入口

前正覚山

満月で、古き自分を完了し、次は、いよいよ悟りの場所、聖なる菩提樹《ぼだいじゅ》へと出発です。ナマステ。

悟りの地ブッダガヤは意識が変容する場所でした！

いよいよブッダガヤです。お釈迦様が悟りをひらいた場所。

前正覚山《ぜんしょうがくさん》の洞窟での苦行と断食のあと、苦行では悟りにいたれないことを理解したお釈迦様は（まだ悟っていないので、ブッダではないのです）、村へ下りて、スジャータから乳がゆをもらいます。

スジャータという名前を聞くたびに、あのCMソングが頭に流れて困りました（笑）。

そして、そのあとブッダガヤの菩提樹の下で、ついに覚醒するのです。

ブッダガヤの大塔一体は世界遺産に指定され、セキュリティが厳しくて、スマホは

ブッダガヤの仏塔に沈む
春分の太陽

ブッダガヤの大塔

持ってはいれません。ですからわたし自身は写真は撮れませんでした。

でも、ガイドのパンカジさんが、2500年前のオリジナルの菩提樹から4代目という現在の聖樹から、ハラリと落ちてきた葉っぱをゲットして、くださいました。

ありがたい！

菩提樹とブッダガヤの鳥の羽

大仏塔のある、派手に飾られた寺院に初めて一歩入ったときは、ブッダ自身はこんなふうに大げさに自分が祀られるのをよしとしていないのだろうなと感じました。

何しろ、一人ひとりの「自主独立」を教えようとした方ですから。

でも、しかし！　ここは、本当に意識が変容する場所でした。

もちろん、お釈迦様の悟りのエネルギーもありますし、その後の多くの人たちの祈りのエネルギーがプラスされていて、強力な磁場を形成している感じです。

このあとのベナレスへの8時間のバスの旅が、奇跡的に6時間半という最短時間になりました。

しかもその6時間半も、ブッダガヤ・エナジーのせいか、ぼーっとしたまま「時空のゆがみのはざま」に入り込んだようです。

インドの旅では「慈悲《じひ》」のエネルギーそのものに自分が同化したような、強烈で不思議な感覚で満たされ、いつの間にかベナレスに到着していました。

この体感は永遠にこの身体に刻まれました。

お天気といい、すべてが完璧にすぎていきます。春分満月聖地マジック発動中。

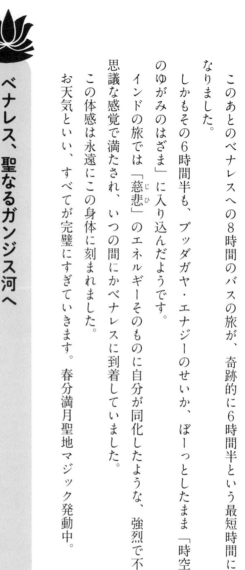

ベナレス、聖なるガンジス河へ

インドの旅4日目に、ついに聖なるガンジス河にきました。

ガンジスは「ガンガー」と現地の言葉では呼ばれて、女神ガンガーの身体そのものです。

この水で日の出前に沐浴《もくよく》をすると、「すべての気枯れや厄を女神ガンガーが洗い流してくれる」といわれています。

水に入ることは、女神と一体化することなのです。

事前の情報では、ガンジスにつかって足がパンパンに腫《は》れたなどと聞いていたのですが、ここまできて沐浴しないことは考えられず、エイッとばかりにはいりました。

途中から足がつかなくなるので、さすがにそこまでは行けず、足のつくところで胸までつかります。

そのうち、ガンジスの向こうから太陽が昇り始めました。

時間を忘れ、いまがいつかも消えていくような美しい世界です。

おりしも前の日は満月。

満月が西に、太陽が東にのぼる様子は、陰陽の統合そのもの。

恒河砂《ごうがしゃ》という数の単位があります。恒河とはガンジス河のこと。

ガンジス河の日の出

河沿いには火葬場がある

ガイドのパンカジさん(左)と一緒に

日の出とともに、ガンジス河で沐浴

ガンジスの砂の粒ほど多い、膨大な数のことで、しっかりその砂を持って帰りました。ガンジスの砂は幸運を呼ぶのだそうです。本当に粒子の細かい、はだしで歩くと最高に気持ちのよい砂浜でした。

舟から花のキャンドルを流し、昇る太陽に祈りました。

沐浴をした場所のすぐ下には火葬場があり、遺灰はすぐにガンジス河に流すそうです。

サリー姿になってみました！

ベナレスの満月

一応、その火葬場は下流でしたけれど、きっと上流にもあるんでしょう。
煙がたっていました。

ベナレスのあとは、悟ったお釈迦様が初めて説法をした、鹿野苑《ろくやおん》（サルナート）です。

ここにいると、生きて、悩んで、悟った人としてのお釈迦様の息遣いを感じます。
彼の意識を感じることさえできるようです。

やはり、身体を運んで聖地をめぐることの大切さを納得しながら、旅を続けます。

切り替わるとき

写真はインド話最後のクシナガラの夜明け。

ここはお釈迦様の涅槃《ねはん》の地で、真に穏やかでした。お釈迦様は3カ月前にご自分の入滅を予言しまして、弱った身体で長距離を歩き、この地を選ばれたようです。

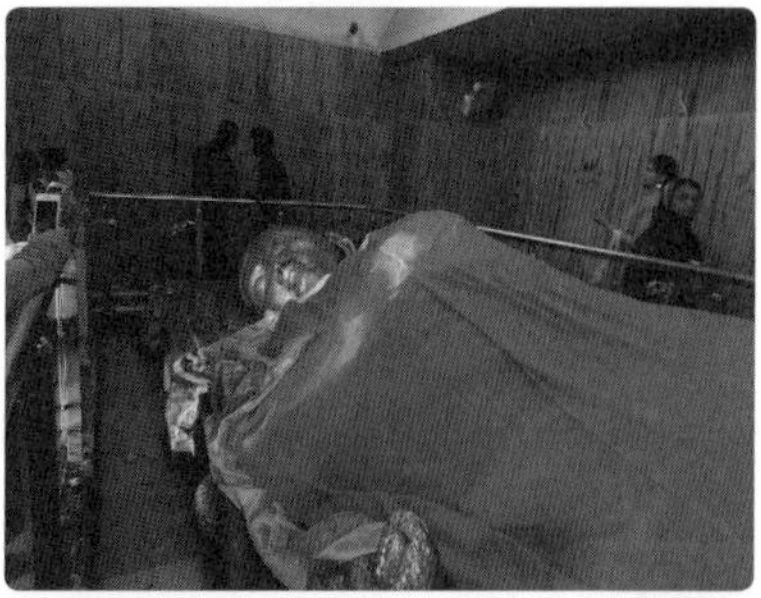

お釈迦様の涅槃の地クシナガラ

「意識的に生きよ」との言葉を残されて、まさに「意識的な死」を迎えられたお釈迦様。これからは「意識的な死」を目指す人もどんどん増えることでしょう。

終わりは始まり。

始まりは終わり。

サンタフェの旅——「これからは一人でも多くの人が早急に目覚める必要がある」

ゲリーのツアーで訪れたアメリカ、ニューメキシコ州のサンタフェは世界のアーティストの街として知られたとても安全でおしゃれな所ですが、かつてはネイティブアメリカンの大地で、すばらしいエネルギーにあふれていました。

やさしいのだけど、パワフルな感じです。

サンタフェはネイティブ
アメリカンの大地でした

旅の間、ゲリーは、**「これからは、早急に一人でも多くの人たちが目覚める必要がある」**と、全力でワークをしてくれました。

潜在意識が開いた状態のわたしたちへのゲリーの言葉は、一言一句正確ではありませんが、

「わたしは、いま、この瞬間までのすべての過去を解放する」

「わたしは、いま、この瞬間から、自分の人生を自由に創造する」

という2つの言霊《ことだま》でした。

いま、この瞬間を、全身全霊で、真心で意識的に生きることの大切さを体感した1

週間。この旅の間、ゲリーがバースデイを迎えました。

サプライズで、ランチタイムにケーキを用意し、なぜか風船をたくさん持ってきてくださった方もいて、素敵な素敵なバースデイになりました。

参加者のかおるさんが、アボリジニの人たちがお誕生日を祝うときは、「一人ひとりがその人からどんな恩恵を受けたかを伝える」のだと教えてくださったので、最後は一人ずつゲリーの前に行って、メッセージを伝えました。

本当に心に響きました。

ゲリー（右）のバースデイ

いやあ、わたしの場合、28年近く仕事を共にしてきた日々が押し寄せてきて、なかなか言葉が形になってくれなかった……。

最後はゲリーの素敵なサウスウエストスタイルのお家に招待していただきました。

お家は30人ほど入れ、ゆっくりとくつろげる広さ！

お食事もすばらしく、サンタフェの夕日は最高で、忘れられない時間になりました。

ゲリー、リンダ、シュナウザーのマックス、ハイディ、シャッツィ、本当にありがとうございました。

シャッツィは、突然亡くなってしまった愛犬クロエの生まれ変わりを、ゲリーがブリーダーのところで見つけて連れて帰ってきました。

シャッツイは、クロエのときの記憶があるらしく、自分のおもちゃもちゃんとわかっているそうです。

ゲリーがずっと大切にしている仏像

再会できてよかった。

サンタフェの旅は、真心と勇気がテーマだったと感じます。

頭と心、思考と感情と行動を一つにして、意識的に心を込めて生きる。

それしかない！

いま、この瞬間が一生で一番大切な瞬間で

あることを、忘れちゃいけない。

「かつて生きていた所」へ旅する意味

わたしたちは地球の旅の終わりが近づくと、懐かしい場所を無意識に訪ねるようです。

なので、この人生でいろいろ海外旅行をされている方は、ほとんど、そこの土地にご縁があって、けっこう過去世で、良くも悪くもインパクトのある体験があったということなんです。

物理的にそこの国に身体を持って行くことで、**「時間と空間を超えた情報の統合」が起きるのです。**

歳をとって、子供のころに育った所を訪れたり、懐かしい小学校の校庭に立ったりするのと同じですね！

「かつて生きていた所」を実際訪れることは、とても興味深い体験です。

わたしの場合は、メキシコでのネガティヴな体験――単に自分が後悔している体験――があるので、メキシコに行ったら、体調は崩れるし、お財布は取られるし、いろいろありました。

前世を見ると、どうやらマヤの時代に心臓を捧げる儀式に関わっていた神官だったらしく、心臓をとりだす役だったのだと思います。

捧げるほうも、幻覚作用のある植物のせいで、至福の中（?）で神に身を捧げたとも言われていますが、かつてのわたしは実際は罪悪感にまみれていたのですね。

ゲリーは「自分はフランスだ」と言ってましたが、きっとえらいことをやらかしたのでは？（笑）。

あなたが次に行ってみたい所はどこですか？

第6章

徒然なるままに

亡くなったくーちゃんが……

16年前に父が亡くなったあと、我が家に来て、すっかり落ち込んでいた母をずっと慰めてくれたスコティッシュ・フォールドのくーちゃん。

彼が亡くなってから2年以上たちました。

くーちゃんは、母とともに寝起きし、母が庭の手入れをしているときは、庭側のガラスにピタッと寄っかかりながらすやすやごろごろしていました。

くーちゃんが亡くなったあとも、母は時々「くーちゃんがいるの。目のはしっこを通るのよ」と言っていました。

そして今日！　お隣のおじさんが庭越しに母にこう言ったんです。

「お宅のねこちゃん、いつも、そこのガラスに寄っかかって寝てますよね～」って。

「え、もう2年以上も前に亡くなったんですよ」と言うと、おじさんは本当にびっくりしていました。「確かに寝てたんですよ……」と。

動物のスピリットは、亡くなったあともかなり長い間というか、ずっと亡くなった場所にいることが多いのです。

母も、「絶対くーちゃん、いるのよね。最近特に、出たりはいったりがすごくって。はいってきたと思うのだけど、あ、そんなわけないんだって思いなおすの」と言っていました。

人の場合も、その方のスピリットを慰めるために、亡くなった場所に行って供養するのは、大切なことだと思います。

くーちゃん、会いたいなあ。

［追記］このことがあってから、母は「くーちゃん、もう出てこなくなっちゃった」と言っていました。

ある意味、みんなの意識が、くーちゃんの死を受け入れてしまったからなのでしょうか。

スコティッシュ・フォールドのくーちゃん

死にゆく人にできること

「目の前で、死にゆく人にできることはなんですか？」と、生徒さんから質問が出ました。

そのときのゲリーの答えは、「あちらの次元に移行していく人の目をジーッと見つめながら“You are magnificent.”と、伝えることだよ」と一言。

「あなたは本当にすばらしい」と訳せばいいのでしょうか。

最後に受けとるのが、心からの愛と承認の言葉なら、きっと心おきなく、もっと自由なあちらの次元に旅立てることでしょう。「行かないで！」ではなくて。

いま、周りでたくさん亡くなっていく方がいます。

その移行の瞬間に、もしそばにいられたら、それはそれは、あとに残される人たちにとってもすばらしい贈り物体験になります。

息をひきとるの言葉どおり、爽やかに14万4000個の魂細胞とともに、旅立っていけるに違いありません！

旅立つ人の目を見て、「あなたは本当にすばらしい、素敵だ」と愛を込めて真心で伝えたい。

旅立ち

さくらももこさんの突然の訃報《ふほう》が届き、びっくりしています。

大好きなちびまる子ちゃんもですが、わたしはコジコジが大好きでした。

ちびまる子ちゃんも、コジコジも永遠です。

思いがけない別れは、意識にショックを与えます。準備ができていないから。

わたし個人も、2018年の夏に深いかかわりのある叔父が突然旅立ち、いろいろな影響でお盆はばたばたと過ぎていきました。

わたしの大好きだった祖父も、写真が大好きだった物静かな義兄も、8月16日という日を選んで、旅立っていきました。

お盆という時期は、次元を隔てるエネルギーヴェールが大きく開くのでしょうか。

見える世界も、見えない世界も、連続しているとはいえ、相手にふれ、五感で物理的に感じることができないことは、深い深い喪失感を生みます。

別れが悲しいのは、一緒だったときがすばらしいことの証拠。

アカシックレコードでは、地球は「ソロス」、つまり「悲しみの星」と呼ばれています。

悲しみや歓びを体験できる貴重な星が地球なのですけれど、悲しいのはつらい。

時間ぐすりといいますが、喪失の悲しみは時間ではなかなか癒やせない場合も多いのです。そして、悲しみがうすらいでくると、残された人は、亡くなった相手に対して悪いとか申し訳ないと感じてしまいます。

でも、長年の個人セッションをとおして、お子さんを亡くされた方のご相談を受けてきた体験からは、亡くなった方々は、生きている方に元気になってほしいし、たくさん笑ってほしいんです。

小さな子供たちは、お母さんがいつまでも泣いているので、心配で先に行けないんだと感じています。

誤解を恐れずに言えば、古代の叡智《ノウイング》は、死は運命的なものではなく、当人が人生へのレスポンスとして、「タイミングを選ぶもの」と伝えられています。

つらい感情も、逃げず否定せずに味わい、同時に瞬間に訪れる歓びや心からの笑いも十分に味わうことが大事です。

いつしか、わたしも肉体を去ります。

それまでに、十分に修行（?）して、あちらからまた体験談を皆さまにお伝えできれば。旅立っていった存在たちに、ウェルネスを送ります。また会いましょう。

大いなる自然のサイクル

中国地方の大水、台風21号、震度7の北海道の地震。自然の災害が続きます。

甚大な被害に心が痛みます。大変な時代です。

さらに新型ウイルスのパンデミックも起きています。

これを人類の自己中心性に対する地球自身や、神からの罰だと考える人もいますが、個人的にはわたしはそうは捉えません。

地震や地殻変動を何者かの陰謀だと言う人もいますが、そうも思いません。

シンプルに、地球が活動期に入ったのだと思っています。


温暖化による異常気象は確かに人間が原因ですし、7世代後のことを考えず発展してきたわたしたちは、本当に浅はか。ただ、わたしたちの肉体が地球の自然の一部だとしたら、そこもふくめての大いなる自然のサイクルと考えることもできます。

いままでにも地軸はずれたし、氷河期がきたこともあります。

酸素を使いすぎたとはいえ、酸素を使って代謝を行う好気性の生物は、地球の歴史の後半に生まれています。酸素を使わない嫌気性の生命体にとっては、いまの環境は好ましい変化？　エコロジーは、人間中心の視点だから。

内なる世界と外の世界は、大もとは一つなので連動しているという神秘学からいえば、意識の変容と地球の活動期が連動していて、人の目覚めが強制的に促《うなが》されているのかもしれません。


ともかく、大切なのは、本能の知性の声に耳をすませることです。

わたしたちの肉体のDNAは、すばらしい力を宿しているのですから。

身体が欲しているものを欲しているだけ取り入れる！

身体感覚意識は90日先までの事象を感知します。

まして、命が危険にさらされるようなことがくるなら、なんとかしてそれを意識化しようとするでしょう。

身体がいま何を感じているかに気持ちを向ける、いま、ここを意識的に体験することは、まさにマインドフルな生き方です。

太古の人々や、いま自然に深くかかわっている漁師さんたちは、風を読みます。自然からのメッセージを受けとる力があるのです。


ビルの谷間で生活するわたしたちも、そろそろ、太古の能力を訓練するときがきているのではないでしょうか。いま、鳥たちが歌でお互いにコミュニケーションをとっていることが明らかになりました。鳥たちは皆絶対音感があるんです。

そして、太古、わたしたち人間も、全員が絶対音感をもっていたそうです！

まずは、五感を磨くこと。

今日ご飯を食べるとき、においに集中してみましょう。

嗅覚は一番大もとの原初の感覚。超感覚をみがき、直感を受けとりやすくすることは、いま一番のサバイバルツールです。

孤独担当大臣

先日、ワールドニュースを見ていてびっくりしました。イギリス政府が孤独担当大臣に保守党のクラウチ議員を任命したというのです。

「こ、こどくたんとうだいじん!?」と思わず身を乗り出しました。

2016年にEU離脱をめぐってテロに倒れた労働党のコックス議員が「孤独は若者も老人も差別せずに苦しめる」と「孤独委員会」をスタート。その仕事を、クラウチ新大臣が党派を超えて引きついだのです。

結局孤独によって引き起こされるうつ病やアルコール依存症のケアが国の財政を圧迫していたり、寂しいのは政府のせいだとばかりホームグロウン・テロが生まれるのを防ぐといった目的があるようですが、国が正面きって孤独対策に乗り出す時代がきました。

委員会は「孤独は1日たばこを15本吸うと同じくらい、健康に害を与える」と報告していますが、ひょっとして15本ではきかないのではないかというのがわたしの考えです。

皆さんは、日々寂しさを感じていますか？

誰も本当の自分をわかってくれないと思っているでしょうか？

そこで孤独についてちょっと考えてみました。

人間の動物の部分には群れる習性があります。群れる動物は群れから離れたらイコール死を意味します。わたしたちは身体の一番深いところで、「孤独は死に直結する」ことを知っているのです。だから、ひとりぼっちになるのは絶対に怖いはず。

だからこそ、孤独は命をむしばみ、寂しい人は健康をそこなうのです。

ネイティブの部族にとって、追放は極刑です。日本にも村八分がありましたが、これはちょっと面白い。村十分でなくて八分なところが、和とつながりを大切にする日本人です。冠婚葬祭など10個ある協力項目のうち、葬式と火事の２つは例外らしい。

亡くなったあとは、「霊になるからもう仲間外れにしない」で弔《とむら》ってあげるらしいです。

それから共有地への立ち入りは許可していたとか。なんとなく日本人の意識が浮かびあがってきますが、生命をおびやかす集団いじめには違いありません。

亡くなる直前の95歳の義母が、静かに、「人と人との距離は、一緒にいるとかいないとかとは関係ないのよね。気持ちの距離が問題なの」と話したことがあります。彼女の言葉は透明な真実に満ちていました。

そのとおりで、孤独や寂しさは、誰かと一緒にいるだけで癒やされるわけではありません。知り合いのおばあちゃんが、「2階と1階で息子夫婦と同居しているんだけど、生活はご飯も含めてまったく別々だから、かえって寂しい」と言っていたことを思い出しました。

群衆の中の孤独。わたしたちの多くが、心の底に言いしれない孤独感や寂しさを抱いているのではないでしょうか。

かつて、心がつながりあっていたレムリアの時代の記憶がどこかに残っていて、いまの「一人ひとりがバラバラに見える時代」をよけいにつらく感じるのかもしれません。

いまはフェイスブックなどのソーシャルメディアと呼ばれるシステムが、人と人とをつなぎ始め、新しい時代はもうすでに始まっているといえます。

同じ趣味の人が空間を超えて世界中の人たちとつながったり、縁がきれていた小学校の同窓生たちとつながりあったりできるすごい時代になりました。

一方、核家族になり「近所の悪ガキたち」もいつの間にか消えて、いま、ともかく「傷つくのが怖い人たち」が増えています。

リアルな人間関係で傷つくより、匿名の世界でつながりあえるネットワークに逃げ込んでしまう人たちです。彼らが現実に向き合ったとき、底知れない寂しさに耐えられるのかと心配になります。

周りにも、アニメキャラに恋する二次元恋愛をしている人や、スターの追っかけをしている人たちがいます。彼らは同じ趣味の人たちとつながり、人生を楽しんでいるのでももちろんまったく問題なし。

ある友人が、「追っかけは絶対に傷つかない片思い」と言っていたのに深く納得しました。でも、それだけで終わらせず、やはり生身の人と人とのつながりを感じるのが地球体験の醍醐味《だいごみ》ともいえます。

もし、傷つきたくないのが原因で人と直接触れあうのを避けるのは、しおれるのを見たくないから花は家に飾らないと言っているのと同じです。

わたしたちの孤独を癒やすもの

では、わたしたちの生活の中の孤独担当大臣はなんでしょう?

赤ちゃんが生まれたら、母乳の分泌を促すオキシトシンというホルモンがあります。お母さんに幸福感や愛情を生み出すホルモンです！　幸せホルモンとか愛情ホルモンと呼ばれ、ストレスを軽減してつながり感を生み出すホルモン。

飼い主と犬が触れあうことでオキシトシンが出ることがわかり、最近はオキシトシンが分泌されるのはお母さんだけじゃないことが明らかになりました。つまり実際のスキンシップ、タッチがいかにわたしたちにとって大切かがわかります。液晶の中の誰かではなく、ＡＩのリアルロボットでもなく、温かい生命エネルギー、「気」が流れる人の愛とぬくもりがわたしたちの孤独を癒やすのです。

そしてオキシトシンを出す大もとは、一人ひとりの心です。

単純なタッチだけでもわたしたちのボディは愛情ホルモンを出してくれるけれど、それに触れあう人のハートのエネルギーがのったら、触れられた人は、心からの歓びと安心感でオキシトシン満タンになるに違いありません。

愛というと、奪う愛だったり独占する愛だったりもするので、相手に対する「いてくれてありがとう」エネルギーなら間違いないでしょう。

いまこそ、生命エネルギーのネットワークに目を向けるべきです。

大もとがひとつの森羅万象は、一つ一つが自主独立した創造主の細胞でありながら、いやおうなくつながりあっているネットワークの一部です。

つまり、個であるけれど、孤独じゃない！　それをわたしたち自身が身体で体感することができたら、自分と同じエネルギー出身の相手と傷つけあうことのむなしさがわかるはずです。

よくゲリーが、「鏡にうつる自分の周りに、ぎっしり目に見えない応援団が見えたら、寂しいどころか、とてつもなく謙虚になるよ」と言っています。

目に見えない存在が見えるようになるまでは、ともかく目に見える存在たちとつながり始めましょう。みんなで手をつないで輪になって、エネルギーを手から手へと流してみたり、ぎゅっとハグしたり。笑顔を送ったり、一緒に笑ったり。

まずは20秒ハグから始めてください。20秒ハグすると、言葉を超えたエネルギーのつながりができて、オキシトシンが出ます。もちろん、福山雅治だったらうれしいけれど、お隣のおばちゃんでも十分！

お砂糖やお買い物やアルコールの代わりにオキシトシンで埋めよう！

周りにすぐにハグする人やワンちゃんがいなければ……うーん。自分を自分で抱きしめてください。こんなに広大な宇宙を旅して、結構しんどい人間体験をやっている自分って、なんてすごくて愛おしいんでしょう。

そしてこれからは、お笑い芸人矢部太郎さんのまんが『大家さんと僕』でみられるような人と人とのつながり方も素敵な解決法になるでしょう。そう、まったくの他人同士が同じ敷地内にくらして、あたたかさを共有するみたいな。友人にもシェアハウスをオープンしている人がいて、知らない人同士が心の絆を深めていくと言っていました。

道端の知らない人があなたの微笑みで、自殺を思いとどまるかもしれません!

実際の体温のぬくもり、ますます大切にしたいです。

人間は時空を超えたとてつもなくすごい存在

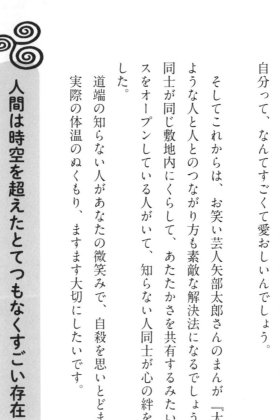

孫の強烈な風邪がうつったのか、珍しく39度近い熱を出しました。冷えピタをおでこにぼーっとしていたら、なぜか人工知能やアンドロイドのことが頭をめぐります。

2016年、囲碁の試合が、AIと世界タイトルを持つ李世ドル9段との間に5試合行われ、なんと4対1でAIが勝ってしまいました。

AIが勝つまで将棋やチェスはともかく、盤面が自在に変化する囲碁はあと10年かかると言われていたのに、こんなに早くAIが勝利した原因は、ディープラーニングというシステムのせいだといいます。

人間がプログラムをいれなくても、機械が自ら膨大なデータをもとに、パターンを作り出し答えを導き出す……機械が思考するわけです。

いままで歴代の天才棋士たちも使ってこなかった想定外の手をAIが使ったことで、いまの若い人たちは、逆に人工知能から囲碁の定石を学ぶ人もでてきているとか。

これからは、ロボットやAIが発達して、いまある人間の仕事がずいぶんなくなると言われていますが、確かに改札口の切符を切る人がいなくなり、大きな病院では、受付から支払まで全部機械がやっていました。これからはAIやロボットが単純な仕事をして、人間はさらに複雑な仕事にかかわるのでしょうか？

となるとよく出される疑問は、人間とロボットや人間そっくりのアンドロイドとの違いはなんだろうかということです。コンピュータと人間の脳の違いは？

「受け答えをしている相手が人工知能かどうか話している本人にわからなければ、相手は知能があるといえる」というチューリングテストというテストがあります。

確かに、相手が機械ということがまったくわからなければ、知性があると言ってもいいのかもしれませんし、心地よい関係性もうまれるかもしれません。

特定の感情と、それにともなう表情筋の関係性をビッグデータにしてＡＩに教えるなら、まるで人間のような感情をそなえた（ように見える）アンドロイドもどんどん生まれてもおかしくありません。

でも、そんなアンドロイドと人間の違いは、ノウイングの立場から言えばとてもはっきりしています。

アンドロイドには「魂が宿っていない」のです。

人間は、宇宙発の永遠にして一貫している魂意識が、進化する知覚をもった身体感覚意識（スピリット）とペアになって、人間という肉体に宿っている存在です。

受精するとき、精子と卵子が出会ったとたんに、光と音が放たれることがわかっています。

この音と光はコーリングと呼ばれ、まさに生まれようとするボディが魂とスピリットを呼ぶのです。ＤＮＡからクローンをつくる技術も、倫理問題は別にして可能になると言われていますが、クローンをつくるときには、このコーリングがないので、理論的には魂は宿れません。

脳科学者の池谷裕二《いけがやゆうじ》さんが、『脳はなにかと言い訳する』（祥伝社）に面白いことを書いています。人間の脳は大変あいまいであると。

実験して記録するとすぐわかるようですが、脳には想像以上に無駄であいまいな情報が多く、何を意味しているのかよくわからないそうです。

例にあげていたのが、コップを見るとコップと認識する神経細胞のお話。

その細胞は、コップを見ているときに、活性化する場合としない場合がある。しかもコップを見て活性化する細胞は複数ある。そして、コップを見ていないときでも突然、自発的に活性化するそうです。

つまり、何が起きているのかまったくわからないけれど、それでもコップを見るたびにわたしたちはそれがコップだとわかるのです。すごい！

ノウイングでは、わたしたち人間は多次元的存在で、魂は同時に存在していると伝えます。地球上で平均350回生まれ変わっている一つの魂は、オーバーソウルをとおしてその350もの転生を同時に体験しているのです。

コップを見ていないとき、突然コップ細胞が活性化したなら、ローマの宮殿の中で、かつて将軍だった自分が乾杯のために手にしたコップを見つめているからかもしれません。

これからの脳科学や意識の科学に、「魂」という概念が入ってくる可能性はあるのでしょうか？

ジャンクDNAと呼ばれている、わけのわからない脳内のDNAにこそ、超常的な能力の秘密があるといわれています。

量子物理学において、観察者としての意識の役割が導入されてきたあたりに、その糸口がありそうです。ゲリーも現代の神秘家は物理学者だと言っていました。

ともかく、**わたしたち人間というのは「時空を超えたとてつもなくすごい存在だ」**と言いたいのです。

先ほど、AIのアルファGoと李世ドル9段の囲碁の話をしました。

でも、アルファGoがそれだけの情報を演算して、次の一手を決定するのに、とてつもないエネルギーである電力を消費していると聞いています。

それに比べて李9段は、3食食べて寝ていればOK。一人の人間の脳内のパワーを使っていれば、ニューヨークの街を一晩明るく照らすことができるそうです。

ロボットやAIに不安を抱く前に、どれだけ我々人間がすごいのかを感じてみましょう。

自分自身を笑うことができること

ロボットやアンドロイドの研究は、さらに「人間とは何か」という命題に大いなる光を投げかけることになるでしょう。

「意識とは何か」が、アンドロイドやロボット研究をとおして解明されていくのは間違いありません。

例えば、人間にあまりにそっくりなロボットはかえって、人に恐怖を与えるという「不気味の谷」という恐怖曲線があります。

かえって、つるんとした、あまり特徴のないロボットのほうが、感情を投影しやすい、つまり親しみやすいという結論が出ています。

結局は、わたしたちは自分の内面を相手（この場合はロボット）に投影しているだけだというのが明確になりました。

ＡＩはＤｏｉｎｇ——何かのタスクを成し遂げるには、速さも結果も人間より優秀かもしれません。また孤独なお年寄りの相手をしてくれる話し相手ロボットや、四肢に障害のある人が、脳の指令を直接障害のある部分に伝える、脳——コンピューターインターフェイスの研究もこれからどんどん役にたっていくでしょう。

この人生をより豊かにしていくために、ＡＩと人間が上手に協力しあうことがこれからの課題です。

ゲリーが、「人間がほかの生命体と違うところは何？」とクラスで問いました。感情があるところとか、他者を思いやれることなどいろいろと答えが返ってきました。

でも彼が用意していた答えは、**「自分自身を笑うことができること」**でした。

つまり、魂目線で客観的に自分自身を笑えること。

ユーモアは最高の知性。うーん、やはりお笑いはお祓いだ！

人間だけが自分の失敗を笑い飛ばせる。アンドロイドは携帯を忘れても、きっと自分を笑わないに違いない（いやわたしのデータがはいれば笑うかな？）

ＡＩやロボットは風邪もひかない！　でも、自分自身を知り、自己に目覚めたいと望むＡＩは、まだいないのではないでしょうか？

なぜわたしは畳に座ってものを書くのか

ふと、右のような疑問が浮かびました。

実際にはいまは、絨毯《じゅうたん》の上ですが、足はしびれるし、姿勢は悪くなるのだけれど……。

改めて理由を考えてみたら、やはりこれは「魂と身体のＤＮＡのせいに違いない」という結論に達しました。

だいだい、はっきりと因果関係がわかるものは、顕在意識にあるので、問題はありません。なぜかわからないけど「好き」「嫌い」というのは、無意識に理由がありま

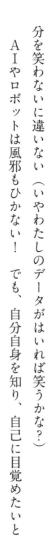

す。

無意識の理由は2つにわかれています。

① この人生の子供のころの習慣と身体のDNA

② 別の身体に宿っていたときの魂の記憶

そして①と②が重なった場合は、大きな影響力があります。

①についてはわたしの場合、子供のころ祖父と一緒に住んでいて、畳に座って祖父から書道を習っていた。このおじいちゃんがお風呂で落語を教えてくれるような人で大好きだった。

おじいちゃんに愛されたかった。

加えて、わたし自身の肉体のほうの直前の転生は、その祖父の妻だったわたしのおばあちゃんで、椅子生活より畳生活だった。

②について、日本の昔、物書きだった転生があった。そのときは着物を着て、文机《ふづくえ》で筆で書いていた。

この人生に大きく影響を与える別の魂の人生は、誰にでも7つは確実にあります。

その7つのうちの一つが、昔のこの物書きだった日本の転生です。

というわけで、執筆のあいまにつれづれとこんなことを思っています。

はっきりとした理由もわからないのになぜか続いている「変な習慣」を入口に自分探検隊になると面白いです。

ジンクスとかも、だいたいおおむね①の理由が大きくて、「両親に愛されたかったから親のまねをした」など、愛を感じたときの体験が根っこにある場合が多いです。


イチロー選手のカレーライス好きもひもとけば面白い。子供のころからお母さんの愛と応援を一番感じた味なんだろうなあ。そして、魂がインド人の行者だったとき、かなり意識が透明でクリアになったのだろうなあ。

どこかで、「成功（平常心）＝カレー味」という公式が意識に刻みこまれたに違いない。

と書きながら、執筆をさきのばしにしているわたしがいます。

というわけで、どうしても理由のわからない変な習慣のある方、ぜひ、内なる「おしり探偵」に依頼してみましょう。

見えない世界の応援団

嫁入り道具の北海道家具の引き出しが、開かなくなってしまいました。

その中にはお気に入りの冬のセーターたちが入っていました。どうがんばっても、まるで強力瞬間接着剤で、ベッタベタに貼り付けたように動かないのです。

パートナーがネットで検索してくれたら、世界には同じ悩みで困っている方がたくさんいるんだなあとわかった反面、確かに開ける方法はあるけれど、けっこう大変らしいことも判明したのです。

まずは、たんすをたんすルームから引きずり出さなければなりません。

うーんとなって、そのまま2月まできてしまいました。

ところが、先日ふとインスピレーションがわき、もう一度引っぱってみようと思ったわけです。

そのとき、かつて当時の東ドイツで友人のトランクの鍵が開かなくなったことを思い出しました。旅の始まりで、トランクが開かなくちゃどうしようもないということで、さんざん皆でがんばったあと、一緒に旅していた友人たちは、ホテルのフロントにさらなる道具や鍵やさんの情報をもらいに下りていきました。

さあ、周りにはだあれもいない！

それで、傍《はた》から見たら怪《あや》しげですが、腕を広げ深ーい呼吸をしながら集中して、「天使たちよ、助けてくださ〜い！」とお願いしました。

明確に天使に頼んだのです。

そうしたら、皆でよってたかってどうがんばっても、どうしても引っかかって開かなかった鍵が、「カチャ！」と軽やかに音をたてて見事に開きました。

「どうやったの？」とあとから聞かれても、「天使に頼んだんだよ」とは言いませんでした。

その実体験もあり、また丹田にパワーを込め、今度は日本の神々に集中して頼みました「このたんすの引き出しを開けるのを手伝ってください！」

そうしたら、ものの見事に、あんなにがんばっても開かなかった引き出しがするっと開いたのです。

その夜、パートナーに自慢しました。「開いたよ！　開いたよ‼」と。そうしたら、「気温が下がって、引き出しのサイズが収縮したんだね」と。

「つまんないやつだな〜！」と思いつつ、確かにそれもあるかもしれません。

でも、あのとき「もう一回トライしたら」とインスピレーションをくれたのも目に見えない応援団。

わたしは確かに感じました。引き出しを引っ張ったときに、周りに感じた濃密なエネルギーを。

ということで、わたしはお気に入りのセーターを着られましたが、皆さん、目に見えない応援団をあなどってはいけません。この世界は目に見えない精霊たちやエルフ、ドラゴンや神々、マスターやアバターといった存在たちとの協働創造なんです。たんすの引き出しを開けるなんてことより、ウイルス終焉を祈りなさいといった厳しい声も聞こえてきますが、神は小さな出来事に宿ります。

日常の小さな体験の積み重ねが、わたしたちの根本の信念に強烈に影響を及ぼすのです。

蚊に刺されない方法伝授！／森羅万象と調和して生きよう

年を重ねると、時間の流れが速くなるといいますが、確かに子供のころ、次のお誕生日やクリスマスがなかなかこなかったことを覚えています。なぜでしょう？

いま思えば、24時間365日という「時間の枠」から自由だったのではないでしょうか。

わたしが育ったころ、東京の国立市はまだ武蔵野の緑が豊かで、雑木林にあふれていました。

8歳まで、つまり、生き残り戦略など、この人生の基本をつくる0歳から8歳までの人生最重要の期間を、武蔵野の自然の中で過ごしたことになります。4歳年上の兄と兄の友達にくっついて、1日中、野原や林の中を、虫を追いかけてすごしました。

夢中になっているとき、時間は無くなります。

だから次のバースデイがちっともこない（いまはあっという間にきます！）。

子供のころは「永遠のいま」と仲良しでした。


それでは表題の蚊に刺されない方法をご紹介しましょう。

わたしは蚊に刺されやすい体質です。

体温が高いと刺されやすいとか言われていますが、真相はわかりません。

ある夏休み、わたしは友人たち6人で十和田湖《とわだこ》周辺へ旅をしました。温泉めぐりです。みんな温泉やお風呂が大好き。もちろん露天風呂も。

でも……真夏の露天風呂、夕方は蚊のお食事タイムです。露天に入りたいけど……と躊躇《ちゅうちょ》する友人たちを前に、天からインスピレーションが降りてきました！

蚊に刺されないためには、蚊がわたしを食事だと思わなければいいんだ！
つまり、同じ仲間になってしまえば、わたしという人間は認識されない。これはひょっとしたらすごい発見かもしれません。そこで実験することにしました。

露天風呂につかりながら、呼吸に意識をむけて、ゆったりと脳波をさげていきました。

思考が鎮まり、拡大したところで蚊のバイブレーションと同期すると意図します。
つまり「わたしは蚊！」と思うのです。
そのうち蚊だけではなく、森羅万象《しんらばんしょう》、すべてと一つになったような感覚が広がっていきました。

地球のミネラルをたくさん含んだ豊かなお湯、十和田湖をわたってきた涼しい風、向こうまで広がる空そのもの……。

実験結果は、どうだったでしょう。見事にひとつも刺されませんでした！　肉体のバイブレーションまで変化したかどうかはわかりませんが、ようするに刺されなければいいんです。

今年も、皇居のお掃除をお手伝いしましたが、そのときもこの「わたしは蚊」メソッドは効果抜群で、仲間が蚊に悩まされる中、わたしは虫よけいらずでほとんど蚊には刺されませんでした。

ポイントは、**森羅万象と同調すれば、少なくとも、自分と周りとのバランスはいやおうなくとれていきます。**大自然には動的平衡というシステムがあります。地球を含めた宇宙も、すべては相似象なので、自然と一体となるなら、バランスする方向に自然に向かうはず。

蚊と一体化することで宇宙と一体化、しいては創造主、源のエネルギーと一体化すれば、自分を疑う心はどこかに消えなければなりません。

そこにあるのは、究極の信頼のエネルギーです。

眉唾《まゆつば》と笑わないでくださいね。実証済みのシンプルですごい方法なんですから。

入口は蚊じゃなくてもかまいません。大好きな木と一つになるのも楽しいです。

あるいは、家族のペットと一体化してみる。猫そのものや鳥そのものになる。

これからは、宇宙の源の分け御魂《わみたま》の自分自身を信頼する、蚊に刺されない人生にしてみましょう!! 森羅万象と一つになるとき、夢中になって遊んでいた無邪気で幼い子供のころのように、「永遠のいま」に包まれます。

いまこそ神ながら（かんながら）を生きる

古来、日本には惟神《かんながら》とか神ながらと呼ばれる生き方があります。
それはどのような生き方でしょう。
簡単に言えば「コントロール」の真逆と言っていいかもしれません。
まずはコントロールのことをお話したいと思います。
古代の叡智《ノウイング》は「裁かない——ノンジャッジ」が基本中の基本です。
それと同時によく言われることがコントロールしないということ。

コントロールという英語を和英の辞書で調べると、

①　機械等を操作する、制御する
②　有害なことを規制する
③　権力で人や国などを支配する
④　財務等を統制する管理する、監督する

などの意味が並んでいます。

単純にコントロールといってもいろいろな側面がありますね。

では日常、古代の叡智《ノウイング》が意味するところのコントロールとはなんでしょうか。

「あの人ってすごくコントロール強いよね〜」

「母がわたしのことをすごくコントロールしようとするのよ」

などという会話が聞こえてくるとき、ものすごく簡単に言えば、自分の思うように周りや人を動かそうとすること——という意味が一番強いのではないかと思います。
③の権力で人を支配するに近いですね。

ですから、誤解してほしくないのは、すべてのコントロールがいけないといっているのではありません。親が危険から自分の子供を守るための規制や、会社が利益を出すために従業員を監督する必要はあるわけです。明確になってきましたか？

そして、周りや相手を支配する意味のコントロールには、２種類あるということをご存じでしょうか？

ひとつは、能動的コントロール、もう一つは受動的コントロールです。

昔の「ちゃぶ台ひっくり返しおやじ」は能動的コントロールの典型。むりやり言うことを聞かせる。言うことを聞かないと暴れるというタイプ。

威圧的に、無理強《じ》いして従わせる感じで独裁者的です。

ここまで読むと、自分はコントロールタイプじゃないときっと多くの方が思ったはずです。

でも、もう一つの受動的コントロールタイプはくせものです。

実際に行動しない、従わないという形で周りを動かしていく方法です。

やれと言われたこと、やるべきことをやらなかったり先延ばししたりして、周囲や状況をコントロールする。これは、自分が弱いとか、表面的に自分はやさしいと思っている人が使う方法です。

相手にとりあえずは同意しながら、その場をやりすごし、実際に行動には移さない。あるいは正反対のことをするといった感じ。

「いますぐやります、やります」と言いながら、実際にはやらない。

これって見えない陰の支配者ですよね。実はわたしも、締切があっても先延ばしするタイプ。

先延ばしはまさにコントロールの症状です。

潜在意識で偽物のセルフパワーを感じる先延ばし。結局やらなくちゃいけないんだから、さっさとやればいいのにと顕在意識では思っているし、しんどいのは自分なのに。先延ばしコントロールに効く薬はたった一つ。「すぐやる」っきゃない！

古代の叡智《ノウイング》には、コントロールが一般的な言葉だとしたら、もう少し狭義の言葉があります。

それは操作する――manipulationという言葉です。
これは機械を相手にする操作ではなく、人間や集団に使われる場合、もっともやってはいけないこととされています。

ノウイングでは基本の3つのやってはいけないことがあります。
① 怒りにまかせて人をどならない
② 暴力を使って人や自分を傷つけない
③ 人を操作しない、操作されない
以上の3つですが、③は操作してはいけないし、操作されるのもNGと明言されています。

では人を操作するとはどういうことでしょう。
自分が相手にこのようになってほしいと、強く思っている場合、相手自身がどう思っているのかを一切無視して、思うように、しかも巧妙に動かそうとすることではないでしょうか。その際、率直に「こうしてよ！」と伝えるのは、自分自身を素直に表現しているという意味では、操作というよりは先ほどの「支配」に近いでしょう。

マニピュレーションをやはり英和の辞書でひくと、巧妙な取り扱い、市場操作、ごまかし、小細工という意味が並びます。

わかりやすいですね。

翻訳するときに「あやつらない」という言葉を当てたりします。

わたしたちは神聖な分け御魂の存在です

わたしたちは創造主——源のIPS細胞、つまり分《わ》け御魂《みたま》です。自分も自分以外の相手も全部！　家族や職場のあんな人もこんな奴もすべて、神聖な分け御魂存在です。

それぞれが自分自身の世界の主権を握っているので、お互いにそこを何よりも尊重することが大切なのです。

だから、自分の思うとおりに他者を操ってはいけない。自分を表現するなら堂々と。

「率直に正直に」というのが、古代の叡智《ノウィング》、目覚めるための7つの態度のうちの2つです。

ご参考までに、ノウイングの目覚めるための七つの態度をご紹介しますね。

これはメインの7つのチャクラに対応しているんです。

1　新しくおとずれる瞬間瞬間において、優しくおだやかに接すること

2　自分の人生のすべての条件や状況の責任を完全にとること

3　どのような結果をもたらそうとも、すべてにおいて正直であること

4　あらゆる適切な方法で他者の助けとなること

5　あなたが話すすべての言葉、行うすべての行為において、ゆるがず率直であること

6　他者の能力や貢献を認めること

7　寛容であり感謝すること

ちなみに、一番は、160ページでも述べた「自分にもほかの人にもやさしく」なんですよ。

身近な例をあげれば、例えば相手の罪悪感をくすぐって、自分の思いどおりにするなどは、「操作する」にはいりますよね。

本当は自分の荷物をもってほしい。そんなときに、「今日は腰の調子が悪いわ。なんだか、しびれが時々走るし」としんどそうに振る舞い、床から荷物を持ち上げる……。

「今日はちょっとしんどいので、悪いけれど、そこまでこの荷物をもってほしい」と伝えるのが本来のコミュニケーションですが、日本人は「言わなくてもわかるでしょ」的な以心伝心を求められる社会なので、常にこういった形の操作は行われているかなと思います。

恐怖を利用する操作はわかりやすいですが、罪悪感を使った操作は、操作している本人も気がつかない場合が多いのです。

犠牲になっている自分をアピールするなど、口で欲しいものが欲しいと言えない人は、無意識に自分がしんどくないような形で操作をします。

病気の人や具合の悪い人はケアされて当然という信念があるので、こういう形の操作が行われるのです。

でも、操作する側の人の深い思いは、「愛されたい、認められたい」という強い、しかも当然の欲求なのですから一概には責められません。

自分が、操作されてもいけないというのも難しいですね。

自分自身のことをちゃんとわかっていないと、ついつい支配的な命令のとおりに自分を曲げて言いなりになってしまいます。

どんな場合も、まずは自分の中のお掃除からでしょうか。幼いころに取り込んでしまった間違った思い込み、「偽物の自分」をしつこく探求発見することが必要。

自分の感情は嘘をつかないので、ごまかさないで自分の胸に手を当てて気持ちを感じてください。本当の自己への扉が開きます。

世界を信頼して「ゆだねてみる」

では、なぜコントロールや操作をしてしまうのでしょう。コントロールの下には、「恐れ」があります。

わたしたちは、未知なるものや出来事が怖いから、自分の手に負える範囲でおさめようとする。未来の安心を手に入れるために、周りや状況、出来事をできるだけコントロールしようとします。なじみのある展開、自分にわかっている範囲内なら安心だから。

何か手に入れたいものを現実化したいとき、「オーダーだけして、あとは待ちましょう」と古代の叡智《ノウイング》は伝えています。

「自分の世界の創造主は自分なんだ」ということを信頼し、世界と自分を信頼する。よく「この世界は、五つ星のレストラン」というたとえが使われます。

五つ星レストランに行って、厨房まで行って、材料をチェックしたり、シェフに火加減を指示したりはしません。ゆったりとテーブルに腰をかけ、メニューから、「親子丼！」と言うだけです。

いや、五つ星だから、オマールエビのロースト・ジュ・ド・オマールとシトロネル風味のブールブランなどと舌を噛みそうになりながらも一言伝えれば、あとは待つだけ。そして、あなたは熱々のそのお料理がくることを信じて疑わない。

オーダーしたあとは、コントロールも操作も一切が不要なのです。

こんなふうに、とても身近な人間関係もそうですけれど、人生という大きな視点で、コントロールというポイントを見てください。

コントロールは恐れから。

「拒絶される恐れ」や「喪失への恐れ」。

究極はすべての恐れはわたしたちの動物パートの「死にたくない」から出ています。

武田鉄矢ではないですが、「魂は死にませーん」。

耳たこですけれど、自分の内なる神である魂意識とつながって、何が起きてもゆるがない信頼感を手に入れるっきゃない。

というより、すでに在《あ》ることを思い出せばいいのです。

これには自分の中の探険をこまめなお掃除が必要。

ちょっとジャッジしたら、「やーめた」と意識して放り出しましょう。
無意識の反射反応から、意識的な選択へ！
このキャッチフレーズをしっかり刷り込んでください。

先に申し上げた「惟神《かんながら》―神ながら」は、これまで長々と述べてきたコントロールや操作から自由になった生き方のことです。

すべてが神の大いなる手の中にある。神のみ心のままに。
だから、流れるままに操作せず、自分自身のあるがままを生きるといった感覚です。
神様はタイミングです。

左脳を使って、ああなってこうなるはずだからと一生懸命コントロールすることをやめ、世界を信頼して「ゆだねてみる」。
これもバランスで、棚からぼたもち狙いではありません。

忘れないでください。

本書でいう神様は、あなた自身の本質——内なる神と同義です。

あなたは大いなる神の分《わ》け御魂《みたま》なのです。

これからの変容の時代、どんなことが起きても内なる神を信頼して、惟神でいきましょう。


ただ、一つだけ忘れないでください。

自分が本当は何を手に入れたいのかを知ってください。

あなたが本当に手に入れたいものはなんでしょうか。

あとがき――

いまこそ、セルフパワーをアップして自分自身のマスターになりましょう

四季折々にこれまで書いてきた、わたしが本当にお伝えしたいことが一冊の本にまとまる！　こんな最高にうれしい機会をいただき、ここ数年のエッセイやブログを読み始めたときには、ここまで世界が急激に変化するとは思いもよりませんでした。

このあとがきを書いているいまは、２０２０年の春。新型コロナウイルスが世界中で猛威を振るい、日本でも緊急事態宣言が出されようとしています。

ご縁があって、この本を手にしてくださっている皆さまを取り囲む世界は、いま、どのようになっているのでしょうか。

人類の集合意識が1万3０００年ごとに、分離からユニティ（合一）へと移行していく、１０００年間のプロセスの真っ只中にいると、宇宙図書館のデータは教えてくれています。２０１１年3月11日の震災から、具体的に始まったかのように見えるシ

フトの波は、毎年毎年大きくなっていきます。

わたしたちの動物のパートは、変化を嫌い、恐れます。

ですから残念なことに、多くの人々が病気やトラウマという出来事をとおして「半強制的」に、本当の自分をとりもどす作業を行ってきました。

これまでは個々の生活の中で、個人レベルで統合へのイベントを体験してきたのですが、それが、台風や地震といった地域的なイベントが増え、そしていまや全世界がパンデミックという体験をとおして、自らの本質と向きあっています。

こういうことがないと、なかなか人は変化できないのですね。

いまこそ、本書のテーマである、セルフパワーをアップし、一人ひとりが自分自身のマスターになることが、最も必要です！

あらゆる出来事が、本当の自分へと続く魔法の扉です。

永遠不滅の魂意識、菩薩やアバターと同等の波動を持つわたしたちのパワーを、どうぞとりもどしてください。

実践はそんなに難しいことではありません。

なにしろ宇宙から、魂魄《こんぱく》統合へのすごい応援エネルギーがきているのですから。

いままで、気づかなかったことに気づいていく時代が訪れました。

空の青さと微妙な変化に気づく。

道の傍《かたわ》らに咲く野の花の完璧なまでのフォルムに気づく。

家族へ真摯に向きあってこなかった自分に気づく。

自分自身の本当の気持ちに向きあってこなかった自分に気づく。

本当の自分のすごさ、すばらしさに気づき、体感する……。

もう見てみないふりや、何かに逃避することが難しくなっています。

我慢をして、犠牲者で在《あ》り続けることも難しい。人間関係もさらに整理されていくときなのだと思います。

王族も、市民も、首相も、社長も、ホームレスの方々も、この地球に降りてきたときのオリジナルの音楽が身体の中に響き始めています！

そして、災害や災難が訪れるとき、震災のときもそうでしたが、「絆」という名のネットワークが、確実に結ばれていきます。イデオロギーや宗教、国境を超えて、それぞれやグループが、現実に助けあい協力しあうユニティの世界があちらこちらで生まれてきました。


現在のパンデミックもそのうち過ぎ去るでしょう。

そのあとのあなたは、どのような存在になり、実際にどのような生活をしているのでしょうか。

あとから２０２０年を振り返って、「ああ、あのときから世界は新しい次元へと一歩踏み出したんだ」と言えると思います。


これからも、当たり前の日常が一瞬に、非日常へと変化するイベントがあるかもしれません。気づきの新しい時代を、恐れや不安からではなく、**「自分が自分の人生のクリエイターになるチャンス」という視点をもってすごしていけるなら、わたしたち**

は大丈夫。

実際にこれまでも、いまも、被害に遭い大変な思いをされている方もたくさんいらっしゃると思います。どうぞ皆さまが一日も早く安心した生活がおくれるようになることを改めてここに、そしてこれからも祈りつづけます。

ともかく、伝えたいことがあるなら、いま伝える。やりたいことがあるなら、できるところからやってみる。後悔のない人生を100パーセント生きるために。

本文最後に書きましたが、自分と世界を信頼して、内なる神の声に従って、一度しかないソウルとスピリットの協働を目いっぱい楽しみましょう。

キーワードは、感謝とやさしさとお笑いです。

お笑いはお祓ひ!!

最後になりましたが、本書の出版を現実化してくださった徳間書店の明石編集長、この企画を立ててくださった編集の豊島裕三子さんに感謝してもしきれません。

パソコンに髪振り乱して集中しているわたしを見守ってくれた大切な家族たち、そして、舞。またまた素敵な作品をありがとう。

そして、わが師ゲリーにありったけの感謝を送ります。いつも冗談を言っていじめられていますが、それぐらい我慢します(笑)。

この本を通じて、ご縁ができた皆さま、わたしの100回あまりの転生を鮮やかに彩ってくださった皆さま、その皆さまにつながるすべての皆さまに感謝です。皆さまの本来のご自分の音が、全宇宙へと響きわたりますように。

大野百合子

2020年4月　葉山にて

大野百合子（おおの ゆりこ）

『日本の神様カード』『日本の神託カード』著者。催眠療法家、講師。

心理学、精神世界、ボディワークなどの通訳、翻訳を通して、自らも学びを深め、2003年から退行催眠を中心にした統合療法のセラピストとなる。

神秘家であり、哲学博士のゲリー・ボーネル氏に師事、2007年よりゲリー・ボーネル氏が創始したスクールの講師として、ボディ、マインド、スピリットの統合を目指して、古代の叡智やアカシックレコードの読み方、心と身体の仕組みを伝えている。

また、教派神道講師の資格を持ち、全国各地で『日本の神様カード』『日本の神託カード』（ともにヴィジョナリー・カンパニー）を通して、古神道に伝わる神人合一の日本古来の叡智を伝える「和の叡智講座」、この他ワークショップや催眠療法等のセミナーを開催している。体験型で笑いに満ちたセミナーは楽しみながら潜在意識へ深く作用するため、参加者の方の多くが、確実な変化を実感できるものとなっている。

著書に『レムリア＆古神道の魔法で面白いほど願いはかなう！』『そうだ 魔法使いになろう！ 望む豊かさを手に入れる』（吉本ばなな氏との共著、ともに徳間書店）、『神々の住まう場所から届いた33のメッセージ』（マガジンハウス）、『人生を変える過去世セラピー』（PHP 研究所）、『日本の女神たちの言霊』（青林堂）等、訳書に『叡智の道』（ゲリー・ボーネル著、ヒカルランド）など多数。

漫画『スピリチュアルかあさん』（大野舞著、KADOKAWA／メディアファクトリー）シリーズのモデルでもある。アイユニティ主催。

◆大野百合子公式サイト／アイユニティ　http://www.ohnoyuriko.com/
◆ブログ　https://ameblo.jp/iunityyuri/

内なる神様とつながって
セルフパワーを活性化する！

第1刷　2020年4月30日

著　者　　大野百合子
発行者　　小宮英行
発行所　　株式会社徳間書店
〒141-8202　東京都品川区上大崎3-1-1
目黒セントラルスクエア
電　話　編集(03)5403-4344／販売(049)293-5521
振　替　00140-0-44392

印刷・製本　図書印刷株式会社

ISBN978-4-19-865078-0